book2

English – Slovak

for beginners

A book in 2 languages

www.book2.de

GOETHE
VERLAG

IMPRESSUM

Johannes Schumann:
book2 English - Slovak
EAN-13 (ISBN-13): 9781440438974

Goethe-Verlag GmbH
Postfach 152008
80051 München
Germany

Fax +49-89-74790012
www.book2.de
www.goethe-verlag.com

Table of contents

People 4
Family Members 5
Getting to know others 6
At school 7
Countries and Languages 8
Reading and writing 9
Numbers 10
The time 11
Days of the week 12
Yesterday – today – tomorrow 13
Months 14
Beverages 15
Activities 16
Colors 17
Fruits and food 18
Seasons and Weather 19
Around the house 20
House cleaning 21
In the kitchen 22
Small Talk 1 23
Small Talk 2 24
Small Talk 3 25
Learning foreign languages 26
Appointment 27
In the city 28
In nature 29
In the hotel – Arrival 30
In the hotel – Complaints 31
At the restaurant 1 32
At the restaurant 2 33
At the restaurant 3 34
At the restaurant 4 35
At the train station 36
On the train 37
At the airport 38
Public transportation 39
En route 40
In the taxi 41
Car breakdown 42
Asking for directions 43
Where is … ? 44
City tour 45
At the zoo 46
Going out in the evening 47
At the cinema 48
In the discotheque 49
Preparing a trip 50
Vacation activities 51
Sports 52
In the swimming pool 53
Running errands 54
In the department store 55
Shops 56
Shopping 57
Working 58
Feelings 59
At the doctor 60
Parts of the body 61
At the post office 62
At the bank 63
Ordinal numbers 64
Asking questions 1 65
Asking questions 2 66
Negation 1 67
Negation 2 68
Possessive pronouns 1 69
Possessive pronouns 2 70
big – small 71
to need – to want to 72
to like something 73
to want something 74
to have to do something / must 75
to be allowed to 76
Asking for something 77
Giving reasons 1 78
Giving reasons 2 79
Giving reasons 3 80
Adjectives 1 81
Adjectives 2 82
Adjectives 3 83
Past tense 1 84
Past tense 2 85
Past tense 3 86
Past tense 4 87
Questions – Past tense 1 88
Questions – Past tense 2 89
Past tense of modal verbs 1 90
Past tense of modal verbs 2 91
Imperative 1 92
Imperative 2 93
Subordinate clauses: *that* 1 94
Subordinate clauses: *that* 2 95
Subordinate clauses: *if* 96
Conjunctions 1 97
Conjunctions 2 98
Conjunctions 3 99
Conjunctions 4 100
Double connectors 101
Genitive 102
Adverbs 103

1 [one]

People

1 [jeden]

Osoby

I	ja
I and you	ja a ty
both of us	my obaja / my obidve
he	on
he and she	on a ona
they both	oni obaja / ony obidve
the man	muž
the woman	žena
the child	dieťa
a family	rodina
my family	moja rodina
My family is here.	Moja rodina je tu.
I am here.	Ja som tu.
You are here.	Ty si tu.
He is here and she is here.	On je tu a ona je tu.
We are here.	My sme tu.
You are here.	Vy ste tu.
They are all here.	Oni sú všetci tu.

2 [two]

Family Members

2 [dva]

Rodina

the grandfather	starý otec
the grandmother	stará mama
he and she	on a ona
the father	otec
the mother	matka
he and she	on a ona
the son	syn
the daughter	dcéra
he and she	on a ona
the brother	brat
the sister	sestra
he and she	on a ona
the uncle	strýko
the aunt	teta
he and she	on a ona
We are a family.	Sme rodina.
The family is not small.	Rodina nie je malá.
The family is big.	Rodina je veľká.

3 [three]

Getting to know others

3 [tri]

Zoznámenie

Hi!	Ahoj!
Hello!	Dobrý deň!
How are you?	Ako sa darí?
Do you come from Europe?	Pocházdate z Európy?
Do you come from America?	Pochádzate z Ameriky?
Do you come from Asia?	Pochádzate z Ázie?
In which hotel are you staying?	V ktorom hoteli bývate?
How long have you been here for?	Ako dlho ste už tu?
How long will you be staying?	Ako dlho zostanete?
Do you like it here?	Páči sa vám tu?
Are you here on vacation?	Ste tu na dovolenke?
Please do visit me sometime!	Navštívte ma niekedy!
Here is my address.	Tu je moja adresa.
Shall we see each other tomorrow?	Uvidíme sa zajtra?
I am sorry, but I already have plans.	Je mi ľúto, už niečo mám.
Bye!	Čau!
Good bye!	Dovidenia!
See you soon!	Do skorého videnia!

4 [four]

At school

4 [štyri]

V škole

Where are we?	Kde sme?
We are at school.	Sme v škole.
We are having class / a lesson.	Máme vyučovanie.
Those are the school children.	To sú žiaci.
That is the teacher.	To je učiteľka.
That is the class.	To je trieda.
What are we doing?	Čo robíme?
We are learning.	Učíme sa.
We are learning a language.	Učíme sa jazyk.
I learn English.	Učím sa angličtinu.
You learn Spanish.	Učíš sa španielčinu.
He learns German.	Učí sa nemčinu.
We learn French.	Učíme sa francúzštinu.
You all learn Italian.	Učíte sa taliančinu.
They learn Russian.	Učia sa ruštinu.
Learning languages is interesting.	Učiť sa jazyky je zaujímavé.
We want to understand people.	Chceme rozumieť ľuďom.
We want to speak with people.	Chceme sa rozprávať s ľuďmi.

5 [five]

Countries and Languages

5 [päť]

Krajiny a jazyky

John is from London.
London is in Great Britain.
He speaks English.

John je z Londýna.
Londýn je vo Veľkej Británii.
Hovorí po anglicky.

Maria is from Madrid.
Madrid is in Spain.
She speaks Spanish.

Mária je z Madridu.
Madrid je v Španielsku.
Hovorí po španielsky.

Peter and Martha are from Berlin.
Berlin is in Germany.
Do both of you speak German?

Peter a Marta sú z Berlína.
Berlín je v Nemecku.
Hovoríte obaja po nemecky?

London is a capital city.
Madrid and Berlin are also capital cities.
Capital cities are big and noisy.

Londýn je hlavné mesto.
Madrid a Berlín sú tiež hlavné mestá.
Hlavné mestá sú veľké a hlučné.

France is in Europe.
Egypt is in Africa.
Japan is in Asia.

Francúzsko sa nachádza v Európe.
Egypt sa nachádza v Afrike.
Japonsko sa nachádza v Ázii.

Canada is in North America.
Panama is in Central America.
Brazil is in South America.

Kanada sa nachádza v Severnej Amerike.
Panama sa nachádza v Strednej Amerike.
Brazília sa nachádza v Južnej Amerike.

6 [six]

Reading and writing

6 [šesť]

Čítať a písať

I read.	Čítam.
I read a letter.	Čítam písmeno.
I read a word.	Čítam slovo.
I read a sentence.	Čítam vetu.
I read a letter.	Čítam list.
I read a book.	Čítam knihu.
I read.	Čítam.
You read.	Čítaš.
He reads.	Číta.
I write.	Píšem.
I write a letter.	Píšem písmeno.
I write a word.	Píšem slovo.
I write a sentence.	Píšem vetu.
I write a letter.	Píšem list.
I write a book.	Píšem knihu.
I write.	Píšem.
You write.	Píšeš.
He writes.	Píše.

7 [seven]

Numbers

7 [sedem]

Čísla

I count:
one, two, three
I count to three.

Počítam:
jeden, dva, tri
Počítam do troch.

I count further:
four, five, six,
seven, eight, nine

Počítam ďalej:
štyri, päť, šesť,
sedem, osem, deväť

I count.
You count.
He counts.

Počítam.
Počítaš.
Počíta.

One. The first.
Two. The second.
Three. The third.

Jeden. Prvý.
Dva. Druhý.
Tri. Tretí.

Four. The fourth.
Five. The fifth.
Six. The sixth.

Štyri. Štvrtý.
Päť. Piaty.
Šesť. Šiesty.

Seven. The seventh.
Eight. The eighth.
Nine. The ninth.

Sedem. Siedmy.
Osem. Ôsmy.
Deväť. Deviaty.

8 [eight]

The time

8 [osem]

Hodiny

Excuse me!
What time is it, please?
Thank you very much.

Prepáčte!
Koľko je hodín, prosím?
Ďakujem mnohokrát.

It is one o'clock.
It is two o'clock.
It is three o'clock.

Je jedna hodina.
Sú dve hodiny.
Sú tri hodiny.

It is four o'clock.
It is five o'clock.
It is six o'clock.

Sú štyri hodiny.
Je päť hodín.
Je šesť hodín.

It is seven o'clock.
It is eight o'clock.
It is nine o'clock.

Je sedem hodín.
Je osem hodín.
Je deväť hodín.

It is ten o'clock.
It is eleven o'clock.
It is twelve o'clock.

Je desať hodín.
Je jedenásť hodín.
Je dvanásť hodín.

A minute has sixty seconds.
An hour has sixty minutes.
A day has twenty-four hours.

Jedna minúta má 60 sekúnd.
Jedna hodina má 60 minút.
Jeden deň má 24 hodín.

9 [nine]	9 [deväť]
Days of the week	**Dni v týždni**

Monday	pondelok
Tuesday	utorok
Wednesday	streda
Thursday	štvrtok
Friday	piatok
Saturday	sobota
Sunday	nedeľa
the week	týždeň
from Monday to Sunday	od pondelka do nedele
The first day is Monday.	Prvý deň je pondelok.
The second day is Tuesday.	Druhý deň je utorok.
The third day is Wednesday.	Tretí deň je streda.
The fourth day is Thursday.	Štvrtý deň je štvrtok.
The fifth day is Friday.	Piaty deň je piatok.
The sixth day is Saturday.	Šiesty deň je sobota.
The seventh day is Sunday.	Siedmy deň je nedeľa.
The week has seven days.	Týždeň má sedem dní.
We only work for five days.	Pracujeme len päť dní.

10 [ten]

Yesterday – today – tomorrow

10 [desať]

Včera – dnes – zajtra

Yesterday was Saturday.
I was at the cinema yesterday.
The film was interesting.

Včera bola sobota.
Včera som bol v kine.
Film bol zaujímavý.

Today is Sunday.
I'm not working today.
I'm staying at home.

Dnes je nedeľa.
Dnes nepracujem.
Zostanem doma.

Tomorrow is Monday.
Tomorrow I will work again.
I work at an office.

Zajtra je pondelok.
Zajtra zasa pracujem.
Dnes pracujem v kancelárii.

Who is that?
That is Peter.
Peter is a student.

Kto je to?
To je Peter.
Peter je študent.

Who is that?
That is Martha.
Martha is a secretary.

Kto je to?
To je Marta.
Marta je sekretárka.

Peter and Martha are friends.
Peter is Martha's friend.
Martha is Peter's friend.

Peter a Marta sú priatelia.
Peter je Martin priateľ.
Marta je Petrova priateľka.

11 [eleven]

Months

11 [jedenásť]

Mesiace

January February March	január február marec
April May June	apríl máj jún
These are six months. January, February, March, April, May and June.	To je šesť mesiacov. Január, február, marec, apríl, máj a jún.
July August September	júl august september
October November December	október november december
These are also six months. July, August, September, October, November and December.	To je tiež šesť mesiacov. Júl, august, september, október, november a december.

12 [twelve]

Beverages

12 [dvanásť]

Nápoje

I drink tea.	Pijem čaj.
I drink coffee.	Pijem kávu.
I drink mineral water.	Pijem minerálnu vodu.
Do you drink tea with lemon?	Piješ čaj s citrónom?
Do you drink coffee with sugar?	Piješ kávu s cukrom?
Do you drink water with ice?	Piješ vodu s ľadom?
There is a party here.	Tu je nejaká párty.
People are drinking champagne.	Ľudia pijú šampanské.
People are drinking wine and beer.	Ľudia pijú víno a pivo.
Do you drink alcohol?	Piješ alkohol?
Do you drink whisky / whiskey *(am.)*?	Piješ whisky?
Do you drink Coke with rum?	Piješ kolu s rumom?
I do not like champagne.	Nemám rád / rada šampanské.
I do not like wine.	Nemám rád / rada víno.
I do not like beer.	Nemám rád / rada pivo.
The baby likes milk.	Bábätko má rado mlieko.
The child likes cocoa and apple juice.	Dieťa má rado kakao a jablkovú šťavu.
The woman likes orange and grapefruit juice.	Žena má rada pomarančovú a grapefruitovú šťavu.

13 [thirteen]

Activities

13 [trinásť]

Činnosti

What does Martha do?
She works at an office.
She works on the computer.

Čo robí Marta?
Pracuje v kancelárii.
Pracuje s počítačom.

Where is Martha?
At the cinema.
She is watching a film.

Kde je Marta?
V kine.
Pozerá sa na film.

What does Peter do?
He studies at the university.
He studies languages.

Čo robí Peter?
Študuje na univerzite.
Študuje jazyky.

Where is Peter?
At the café.
He is drinking coffee.

Kde je Peter?
V kaviarni.
Pije kávu.

Where do they like to go?
To a concert.
They like to listen to music.

Kam radi chodia?
Na koncert.
Radi počúvajú hudbu.

Where do they not like to go?
To the disco.
They do not like to dance.

Kam nechodia radi?
Na diskotéku.
Neradi tancujú.

14 [fourteen]

Colors

14 [štrnásť]

Farby

Snow is white.
The sun is yellow.
The orange is orange.

Sneh je biely.
Slnko je žlté.
Pomaranč je oranžový.

The cherry is red.
The sky is blue.
The grass is green.

Čerešňa je červená.
Obloha je modrá.
Tráva je zelená.

The earth is brown.
The cloud is grey / gray *(am.)*.
The tyres / tires *(am.)* are black.

Zem je hnedá.
Mrak je sivý.
Pneumatiky sú čierne.

What colour / color *(am.)* is the snow? White.
What colour / color *(am.)* is the sun? Yellow.
What colour / color *(am.)* is the orange? Orange.

Akú farbu má sneh? Bielu.
Akú farbu má slnko? Žltú.
Akú farbu má pomaranč? Oranžovú.

What colour / color *(am.)* is the cherry? Red.
What colour / color *(am.)* is the sky? Blue.
What colour / color *(am.)* is the grass? Green.

Akú farbu má čerešňa? Červenú.
Akú farbu má obloha? Modrú.
Akú farbu má tráva? Zelenú.

What colour / color *(am.)* is the earth? Brown.
What colour / color *(am.)* is the cloud? Grey / Gray *(am.)*.
What colour / color *(am.)* are the tyres / tires *(am.)*? Black.

Akú farbu má zem? Hnedú.
Akú farbu má oblak? Sivú.
Akú farbu majú pneumatiky? Čiernu.

15 [fifteen]

Fruits and food

15 [pätnásť]

Ovocie a potraviny

I have a strawberry.
I have a kiwi and a melon.
I have an orange and a grapefruit.

Mám jahodu.
Mám kiwi a melón.
Mám pomaranč a grapefruit.

I have an apple and a mango.
I have a banana and a pineapple.
I am making a fruit salad.

Mám jablko a mango.
Mám banán a ananás.
Robím ovocný šalát.

I am eating toast.
I am eating toast with butter.
I am eating toast with butter and jam.

Jem toast.
Jem toast s maslom.
Jem toast s maslom a marmeládou.

I am eating a sandwich.
I am eating a sandwich with margarine.
I am eating a sandwich with margarine and tomatoes.

Jem sendvič.
Jem sendvič s margarínom.
Jem sendvič s margarínom a paradajkou.

We need bread and rice.
We need fish and steaks.
We need pizza and spaghetti.

Potrebujeme chlieb a ryžu.
Potrebujeme rybu a steaky.
Potrebujeme pizzu a špagety.

What else do we need?
We need carrots and tomatoes for the soup.
Where is the supermarket?

Čo ešte potrebujeme?
Do polievky potrebujeme mrkvu a paradajky.
Kde je supermarket?

16 [sixteen]

Seasons and Weather

16 [šestnásť]

Ročné obdobia a počasie

These are the seasons:
Spring, summer,
autumn / fall *(am.)* and winter.

To sú ročné obdobia:
Jar, leto,
jeseň a zima.

The summer is warm.
The sun shines in summer.
We like to go for a walk in summer.

Leto je horúce.
V lete svieti slnko.
V lete sa radi chodíme prechádzať.

The winter is cold.
It snows or rains in winter.
We like to stay home in winter.

Zima je chladná.
V zime sneží alebo prší.
V zime radi zostávame doma.

It is cold.
It is raining.
It is windy.

Je chladno.
Prší.
Fúka vietor.

It is warm.
It is sunny.
It is pleasant.

Je teplo.
Je slnečno.
Je jasno.

What is the weather like today?
It is cold today.
It is warm today.

Aké je dnes počasie?
Dnes je chladno.
Dnes je teplo.

17 [seventeen]

Around the house

17 [sedemnásť]

V dome

Our house is here.	Tu je náš dom.
The roof is on top.	Hore je strecha.
The basement is below.	Dole je pivnica.
There is a garden behind the house.	Za domom je záhrada.
There is no street in front of the house.	Pred domom nie je ulica.
There are trees next to the house.	Vedľa domu sú stromy.
My apartment is here.	Tu je môj byt.
The kitchen and bathroom are here.	Tu je kuchyňa a kúpeľňa.
The living room and bedroom are there.	Tam je obývačka a spálňa.
The front door is closed.	Vchodové dvere sú zavreté.
But the windows are open.	Ale okná sú otvorené.
It is hot today.	Dnes je horúco.
We are going to the living room.	Ideme do obývačky.
There is a sofa and an armchair there.	Je tam pohovka a kreslo.
Please, sit down!	Posaďte sa!
My computer is there.	Tam je môj počítač.
My stereo is there.	Tam je môj stereo prehrávač.
The TV set is brand new.	Televízor je celkom nový.

18 [eighteen]

House cleaning

18 [osemnásť]

Domáce upratovanie

Today is Saturday.	Dnes je sobota.
We have time today.	Dnes máme čas.
We are cleaning the apartment today.	Dnes upratujeme byt.
I am cleaning the bathroom.	Čistím kúpeľňu.
My husband is washing the car.	Môj muž umýva auto.
The children are cleaning the bicycles.	Deti čistia bicykle.
Grandma is watering the flowers.	Stará mama polieva kvety.
The children are cleaning up the children's room.	Deti upratujú detskú izbu.
My husband is tidying up his desk.	Môj muž si upratuje svoj písací stôl.
I am putting the laundry in the washing machine.	Dávam prádlo do práčky.
I am hanging up the laundry.	Vešiam prádlo.
I am ironing the clothes.	Žehlím prádlo.
The windows are dirty.	Okná sú špinavé.
The floor is dirty.	Dlážka je špinavá.
The dishes are dirty.	Riad je špinavý.
Who washes the windows?	Kto umýva okná?
Who does the vacuuming?	Kto vysáva?
Who does the dishes?	Kto umýva riad?

19 [nineteen]

In the kitchen

19 [devätnásť]

V kuchyni

Do you have a new kitchen?
What do you want to cook today?
Do you cook on an electric or a gas stove?

Máš novú kuchyňu?
Čo chceš dnes variť?
Varíš na elektrike alebo na plyne?

Shall I cut the onions?
Shall I peel the potatoes?
Shall I rinse the lettuce?

Mám nakrájať cibuľu?
Mám ošúpať zemiaky?
Mám umyť šalát?

Where are the glasses?
Where are the dishes?
Where is the cutlery / silverware *(am.)*?

Kde sú poháre?
Kde je riad?
Kde je príbor?

Do you have a can opener?
Do you have a bottle opener?
Do you have a corkscrew?

Máš otvárač na konzervy?
Máš otvárač na fľaše?
Máš vývrtku?

Are you cooking the soup in this pot?
Are you frying the fish in this pan?
Are you grilling the vegetables on this grill?

Varíš polievku v tomto hrnci?
Vyprážaš rybu na tejto panvici?
Grilueš zeleninu na tomto grile?

I am setting the table.
Here are the knives, the forks and the spoons.
Here are the glasses, the plates and the napkins.

Prestieram stôl.
Tu sú nože, vidličky a lyžičky.
Tu sú poháre, taniere a servítky.

20 [twenty]

Small Talk 1

20 [dvadsať]

Krátky rozhovor 1

Make yourself comfortable!
Please, feel right at home!
What would you like to drink?

Urobte si pohodlie!
Cíťte sa ako doma!
Čo si dáte na pitie?

Do you like music?
I like classical music.
These are my CD's.

Máte rád / rada hudbu?
Páči sa mi klasická hudba.
Tu sú moje CD.

Do you play a musical instrument?
This is my guitar.
Do you like to sing?

Hráte na nejaký hudobný nástroj?
Tu je moja gitara.
Spievate rád / rada?

Do you have children?
Do you have a dog?
Do you have a cat?

Máte deti?
Máte psa?
Máte mačku?

These are my books.
I am currently reading this book.
What do you like to read?

Tu sú moje knihy.
Práve čítam túto knihu.
Čo rád / rada čítate?

Do you like to go to concerts?
Do you like to go to the theatre / theater *(am.)*?
Do you like to go to the opera?

Rád / rada navštevujete koncerty?
Rád / rada chodievate do divadla?
Rád / rada chodievate do opery?

21 [twenty-one]

Small Talk 2

21 [dvadsaťjeden]

Krátky rozhovor 2

Where do you come from?
From Basel.
Basel is in Switzerland.

Odkiaľ ste?
Z Bazileja.
Bazilej je vo Švajčiarsku.

May I introduce Mr. Miller?
He is a foreigner.
He speaks several languages.

Smiem Vám predstaviť pána Müllera?
Je to cudzinec.
Ovláda niekoľko jazykov.

Are you here for the first time?
No, I was here once last year.
Only for a week, though.

Ste tu po prvý raz?
Nie, bol som tu už minulý rok.
Ale len jeden týždeň.

How do you like it here?
A lot. The people are nice.
And I like the scenery, too.

Ako sa Vám u nás páči?
Veľmi sa mi tu páči. Ľudia sú milí.
A krajina sa mi páči tiež.

What is your profession?
I am a translator.
I translate books.

Aké máte povolanie?
Som prekladateľ.
Prekladám knihy.

Are you alone here?
No, my wife / my husband is also here.
And those are my two children.

Ste tu sám (sama)?
Nie, moja žena (môj muž) je tu tiež.
A tam sú obe moje deti.

22 [twenty-two]

22 [dvadsaťdva]

Small Talk 3

Krátky rozhovor 3

Do you smoke?	Fajčíte?
I used to.	Niekedy som fajčil.
But I don't smoke anymore.	Ale teraz už nefajčím.
Does it disturb you if I smoke?	Bude vám vadiť, ak budem fajčiť?
No, absolutely not.	Vôbec nie.
It doesn't disturb me.	Nevadí mi to.
Will you drink something?	Prosíte si niečo na pitie?
A brandy?	Koňak?
No, preferably a beer.	Nie, radšej pivo.
Do you travel a lot?	Cestujete veľa?
Yes, mostly on business trips.	Áno, väčšinou sú to služobné cesty.
But now we're on holiday.	Ale teraz sme tu na dovolenke.
It's so hot!	To je ale horúčava!
Yes, today it's really hot.	Áno, dnes je skutočne veľmi horúco.
Let's go to the balcony.	Poďme na balkón.
There's a party here tomorrow.	Zajtra tu bude párty.
Are you also coming?	Prídete tiež?
Yes, we've also been invited.	Áno, tiež sme pozvaní.

23 [twenty-three]

Learning foreign languages

23 [dvadsaťtri]

Učiť sa cudzie jazyky

Where did you learn Spanish?	Kde ste sa naučili po španielsky?
Can you also speak Portuguese?	Hovoríte aj po portugalsky?
Yes, and I also speak some Italian.	Áno, a hovorím aj trochu po taliansky.
I think you speak very well.	Myslím si, že hovoríte veľmi dobre.
The languages are quite similar.	Tie jazyky sú si dosť podobné.
I can understand them well.	Rozumiem im dobre.
But speaking and writing is difficult.	Ale rozprávať a písať je ťažké.
I still make many mistakes.	Robím ešte veľa chýb.
Please correct me each time.	Vždy ma opravte, prosím.
Your pronunciation is very good.	Vaša výslovnosť je celkom dobrá.
You only have a slight accent.	Máte slabý prízvuk.
One can tell where you come from.	Človek ľahko zistí, odkiaľ ste.
What is your mother tongue / native language *(am.)*?	Aký je váš materinský jazyk?
Are you taking a language course?	Chodíte na nejaký jazykový kurz?
Which textbook are you using?	Akú učebnicu používate?
I don't remember the name right now.	Momentálne neviem, ako sa to volá.
The title is not coming to me.	Nemôžem si spomenúť na názov.
I've forgotten it.	Zabudol som to.

24 [twenty-four]

Appointment

24 [dvadsaťštyri]

Schôdzka

Did you miss the bus?
I waited for you for half an hour.
Don't you have a mobile / cell phone *(am.)* with you?

Zmeškal(a) si autobus?
Čakal(a) som na teba pol hodiny.
Nemáš pri sebe mobilný telefón?

Be punctual next time!
Take a taxi next time!
Take an umbrella with you next time!

Nabudúce buď dochvíľny (dochvíľna)!
Nabudúce choď taxíkom!
Nabudúce si zober dáždnik!

I have the day off tomorrow.
Shall we meet tomorrow?
I'm sorry, I can't make it tomorrow.

Zajtra mám voľno.
Stretneme sa zajtra?
Je mi ľúto, zajtra nemôžem.

Do you already have plans for this weekend?
Or do you already have an appointment?
I suggest that we meet on the weekend.

Máš už na tento víkend nejaké plány?
Alebo si už s niekým dohodnutý (dohodnutá)?
Navrhujem, aby sme sa stretli cez víkend.

Shall we have a picnic?
Shall we go to the beach?
Shall we go to the mountains?

Urobíme si piknik?
Pôjdeme na pláž?
Pôjdeme do hôr?

I will pick you up at the office.
I will pick you up at home.
I will pick you up at the bus stop.

Prídem pre teba do kancelárie.
Prídem pre teba domov.
Prídem pre teba na autobusovú zastávku.

25 [twenty-five]

In the city

25 [dvadsaťpäť]

V meste

I would like to go to the station.
I would like to go to the airport.
I would like to go to the city centre / center *(am.)*.

Chcel by som ísť na železničnú stanicu.
Chcel by som ísť na letisko.
Chcel by som ísť do centra.

How do I get to the station?
How do I get to the airport?
How do I get to the city centre / center *(am.)*?

Ako sa dostanem na železničnú stanicu?
Ako sa dostanem na letisko?
Ako sa dostanem do centra?

I need a taxi.
I need a city map.
I need a hotel.

Potrebujem taxík.
Potrebujem mapu mesta.
Potrebujem hotel.

I would like to rent a car.
Here is my credit card.
Here is my licence / license *(am.)*.

Chcel by som si prenajať auto.
Tu je moja kreditná karta.
Tu je môj vodičský preukaz.

What is there to see in the city?
Go to the old city.
Go on a city tour.

Čo všetko sa dá vidieť v meste?
Choďte do starého mesta.
Urobte si okružnú jazdu po meste.

Go to the harbour / harbor *(am.)*.
Go on a harbour / harbor *(am.)* tour.
Are there any other places of interest?

Choďte do prístavu.
Urobte si okružnú jazdu po prístave.
Aké pamätihodnosti sú tu ešte okrem toho?

26 [twenty-six]

In nature

26 [dvadsaťšesť]

V prírode

Do you see the tower there?
Do you see the mountain there?
Do you see the village there?

Vidíš tamtú vežu?
Vidíš tamten vrch?
Vidíš tamtú dedinu?

Do you see the river there?
Do you see the bridge there?
Do you see the lake there?

Vidíš tamtú rieku?
Vidíš tamten most?
Vidíš tamto jazero?

I like that bird.
I like that tree.
I like this stone.

Tamten vták sa mi páči.
Tamten strom sa mi páči.
Tamten kameň sa mi páči.

I like that park.
I like that garden.
I like this flower.

Tamten park sa mi páči.
Tamtá záhrada sa mi páči.
Tamten kvet sa mi páči.

I find that pretty.
I find that interesting.
I find that gorgeous.

Páči sa mi to.
Je to zaujímavé.
Je to nádherné.

I find that ugly.
I find that boring.
I find that terrible.

Je to škaredé.
Je to nudné.
Je to hrozné.

27 [twenty-seven]

In the hotel – Arrival

27 [dvadsať sedem]

V hoteli – príchod

Do you have a vacant room?	Máte voľnú izbu?
I have booked a room.	Rezervoval som si jednu izbu.
My name is Miller.	Moje meno je Müller.
I need a single room.	Potrebujem jednoposteľovú izbu.
I need a double room.	Potrebujem dvojposteľovú izbu.
What does the room cost per night?	Koľko stojí izba na noc?
I would like a room with a bathroom.	Chcel by som izbu s kúpeľňou.
I would like a room with a shower.	Chcel by som izbu so sprchou.
Can I see the room?	Môžem vidieť tú izbu?
Is there a garage here?	Máte tu garáž?
Is there a safe here?	Máte tu trezor?
Is there a fax machine here?	Máte tu fax?
Fine, I'll take the room.	Dobre, beriem tú izbu.
Here are the keys.	Tu sú kľúče.
Here is my luggage.	Tu je moja batožina.
What time do you serve breakfast?	Kedy sú raňajky?
What time do you serve lunch?	Kedy je obed?
What time do you serve dinner?	Kedy je večera?

28 [twenty-eight]

In the hotel – Complaints

28 [dvadsaťosem]

V hoteli – sťažnosti

The shower isn't working.	Sprcha nefunguje.
There is no warm water.	Netečie teplá voda.
Can you get it repaired?	Môžete to nechať opraviť?
There is no telephone in the room.	V izbe nie je telefón.
There is no TV in the room.	V izbe nie je televízor.
The room has no balcony.	Izba nemá balkón.
The room is too noisy.	Izba je príliš hlučná.
The room is too small.	Izba je primalá.
The room is too dark.	Izba je príliš tmavá.
The heater isn't working.	Kúrenie nefunguje.
The air-conditioning isn't working.	Klimatizácia nefunguje.
The TV isn't working.	Televízor je pokazený.
I don't like that.	To sa mi nepáči.
That's too expensive.	To je pre mňa pridrahé.
Do you have anything cheaper?	Máte niečo lacnejšie?
Is there a youth hostel nearby?	Je tu v blízkosti mládežnícka ubytovňa?
Is there a boarding house / a bed and breakfast nearby?	Je tu v blízkosti penzión?
Is there a restaurant nearby?	Je tu v blízkosti reštaurácia?

29 [twenty-nine]

At the restaurant 1

29 [dvadsaťdeväť]

V reštaurácii 1

Is this table taken?
I would like the menu, please.
What would you recommend?

Je ten stôl voľný?
Prosím si jedálny lístok.
Čo mi môžete odporučiť?

I'd like a beer.
I'd like a mineral water.
I'd like an orange juice.

Rád by som si dal pivo.
Prosím si minerálnu vodu.
Prosím si pomarančovú šťavu.

I'd like a coffee.
I'd like a coffee with milk.
With sugar, please.

Prosím si kávu.
Prosím si kávu s mliekom.
S cukrom, prosím.

I'd like a tea.
I'd like a tea with lemon.
I'd like a tea with milk.

Dal / dala by som si čaj.
Dal / dala by som si čaj s citrónom.
Dal / dala by som si čaj s mliekom.

Do you have cigarettes?
Do you have an ashtray?
Do you have a light?

Máte cigarety?
Máte popolník?
Máte oheň?

I'm missing a fork.
I'm missing a knife.
I'm missing a spoon.

Chýba mi vidlička.
Chýba mi nôž.
Chýba mi lyžička.

30 [thirty]

At the restaurant 2

30 [tridsať]

V reštaurácii 2

An apple juice, please.	Jablkovú šťavu, prosím.
A lemonade, please.	Limonádu, prosím.
A tomato juice, please.	Paradajkovú šťavu, prosím.
I'd like a glass of red wine.	Prosím si pohár červeného vína.
I'd like a glass of white wine.	Prosím si pohár bieleho vína.
I'd like a bottle of champagne.	Prosím si fľašu šampanského.
Do you like fish?	Máš rád(rada) ryby?
Do you like beef?	Máš rád (rada) hovädzie mäso?
Do you like pork?	Máš rád (rada) bravčové mäso?
I'd like something without meat.	Dám si niečo bez mäsa.
I'd like some mixed vegetables.	Dám si zeleninovú misu.
I'd like something that won't take much time.	Dám si niečo, čo sa nepripravuje dlho.
Would you like that with rice?	Prosíte si to s ryžou?
Would you like that with pasta?	Prosíte si to s cestovinami?
Would you like that with potatoes?	Prosíte si to so zemiakmi?
That doesn't taste good.	To mi nechutí.
The food is cold.	Jedlo je studené.
I didn't order this.	To som si neobjednal.

31 [thirty-one]

At the restaurant 3

31 [tridsaťjeden]

V reštaurácii 3

I would like a starter.
I would like a salad.
I would like a soup.

Dal by som si predjedlo.
Dal by som si šalát.
Dal by som si polievku.

I would like a dessert.
I would like an ice cream with whipped cream.
I would like some fruit or cheese.

Dal by som si dezert.
Dala by som si zmrzlinu so šľahačkou.
Dala by som si ovocie alebo syr.

We would like to have breakfast.
We would like to have lunch.
We would like to have dinner.

Radi by sme sa naraňajkovali.
Radi by sme sa naobedovali.
Radi by sme sa navečerali.

What would you like for breakfast?
Rolls with jam and honey?
Toast with sausage and cheese?

Čo chcete raňajkovať?
Žemle s marmeládou a medom?
Toast so salámou a syrom?

A boiled egg?
A fried egg?
An omelette?

Uvarené vajíčko?
Volské oko?
Omeletu?

Another yoghurt, please.
Some salt and pepper also, please.
Another glass of water, please.

Ešte jeden jogurt, prosím.
Ešte soľ a korenie, prosím.
Ešte pohár vody, prosím.

32 [thirty-two]

At the restaurant 4

32 [tridsaťdva]

V reštaurácii 4

I'd like chips / French fries *(am.)* with ketchup.
And two with mayonnaise.
And three sausages with mustard.

Jedny hranolky s kečupom.
A dvakrát s majonézou.
A trikrát pečenú klobásu s horčicou.

What vegetables do you have?
Do you have beans?
Do you have cauliflower?

Akú máte zeleninu?
Máte fazuľu?
Máte karfiol?

I like to eat (sweet) corn.
I like to eat cucumber.
I like to eat tomatoes.

Rád /a jem kukuricu.
Rád /a jem uhorky.
Rád /a jem paradajky.

Do you also like to eat leek?
Do you also like to eat sauerkraut?
Do you also like to eat lentils?

Aj Vy máte radi pór?
Aj Vy máte radi kyslú kapustu?
Aj Vy máte radi šošovicu?

Do you also like to eat carrots?
Do you also like to eat broccoli?
Do you also like to eat peppers?

Máš tiež rád mrkvu?
Máš tiež rád brokolicu?
Máš tiež rád papriku?

I don't like onions.
I don't like olives.
I don't like mushrooms.

Nemám rád (rada) cibuľu.
Nemám rád /a olivy.
Nemám rád /a huby.

33 [thirty-three]

At the train station

33 [tridsaťtri]

Na železničnej stanici

When is the next train to Berlin?	Kedy ide ďalší vlak do Berlína?
When is the next train to Paris?	Kedy ide ďalší vlak do Paríža?
When is the next train to London?	Kedy ide ďalší vlak do Londýna?
When does the train for Warsaw leave?	O koľkej ide vlak do Varšavy?
When does the train for Stockholm leave?	O koľkej ide vlak do Štokholmu?
When does the train for Budapest leave?	O koľkej ide vlak do Budapešti?
I'd like a ticket to Madrid.	Chcel /a by som lístok do Madridu.
I'd like a ticket to Prague.	Chcel /a by som lístok do Prahy.
I'd like a ticket to Bern.	Chcel /a by som lístok do Bernu.
When does the train arrive in Vienna?	Kedy príde ten vlak do Viedne?
When does the train arrive in Moscow?	Kedy príde ten vlak do Moskvy?
When does the train arrive in Amsterdam?	Kedy príde ten vlak do Amsterdamu?
Do I have to change trains?	Musím prestupovať?
From which platform does the train leave?	Z ktorej koľaje odchádza ten vlak?
Does the train have sleepers?	Je vo vlaku lôžkový vozeň?
I'd like a one-way ticket to Brussels.	Chcel /a by som len jednosmerný lístok do Bruselu.
I'd like a return ticket to Copenhagen.	Chcel /a by som spiatočný cestovný lístok do Kodane.
What does a berth in the sleeper cost?	Koľko stojí miesto v lôžkovom vozni?

34 [thirty-four]

On the train

34 [tridsaťštyri]

Vo vlaku

Is that the train to Berlin?	Je to vlak do Berlína?
When does the train leave?	Kedy odchádza vlak?
When does the train arrive in Berlin?	Kedy príde vlak do Berlína?
Excuse me, may I pass?	Prepáčte, môžem prejsť?
I think this is my seat.	Myslím si, že to je moje miesto.
I think you're sitting in my seat.	Myslím, že sedíte na mojom mieste.
Where is the sleeper?	Kde je lôžkový vozeň?
The sleeper is at the end of the train.	Lôžkový vozeň je na konci vlaku.
And where is the dining car? – At the front.	A kde je jedálenský vozeň? – Na začiatku.
Can I sleep below?	Môžem spať dole?
Can I sleep in the middle?	Môžem spať v strede?
Can I sleep at the top?	Môžem spať hore?
When will we get to the border?	Kedy budeme na hranici?
How long does the journey to Berlin take?	Ako dlho trvá cesta do Berlína?
Is the train delayed?	Má vlak meškanie?
Do you have something to read?	Máte niečo na čítanie?
Can one get something to eat and to drink here?	Môžem tu dostať niečo na jedenie a pitie?
Could you please wake me up at 7 o'clock?	Zobudili by ste ma o 7.00?

35 [thirty-five]

At the airport

35 [tridsaťpäť]

Na letisku

I'd like to book a flight to Athens.
Is it a direct flight?
A window seat, non-smoking, please.

Chcel /a by som rezervovať let do Atén.
Je to priamy let?
Prosím si miesto pri okne, nefajčiar.

I would like to confirm my reservation.
I would like to cancel my reservation.
I would like to change my reservation.

Chcel /a by som potvrdiť svoju rezerváciu.
Chcel /a by som stornovať svoju rezerváciu.
Chcel /a by som presunúť svoju rezerváciu.

When is the next flight to Rome?
Are there two seats available?
No, we have only one seat available.

Kedy letí ďalšie lietadlo do Ríma?
Sú ešte dve miesta voľné?
Nie, máme už len jedno voľné miesto.

When do we land?
When will we be there?
When does a bus go to the city centre / center *(am.)*?

Kedy pristaneme?
Kedy tam budeme?
Kedy ide autobus do centra?

Is that your suitcase?
Is that your bag?
Is that your luggage?

Je to váš kufor?
Je to vaša taška?
Je to vaša batožina?

How much luggage can I take?
Twenty kilos.
What? Only twenty kilos?

Koľko batožiny si môžem vziať zo sebou?
Dvadsať kíl.
Čože, len dvadsať kíl?

36 [thirty-six]

Public transportation

36 [tridsaťšesť]

Mestská hromadná doprava

Where is the bus stop?
Which bus goes to the city centre / center *(am.)*?
Which bus do I have to take?

Kde je autobusová zastávka?
Ktorý autobus ide do centra?
Ktorou linkou musím ísť?

Do I have to change?
Where do I have to change?
How much does a ticket cost?

Musím presúpiť?
Kde musím prestúpiť?
Koľko stojí cestovný lístok?

How many stops are there before downtown / the city centre?
You have to get off here.
You have to get off at the back.

Koľko zastávok je to ešte do centra?
Tu musíte vystúpiť.
Mustíe vystúpiť vzadu.

The next train is in 5 minutes.
The next tram is in 10 minutes.
The next bus is in 15 minutes.

Ďalšie metro príde o 5 minút.
Ďalšia električka príde o 10 minút.
Ďalší autobus príde o 15 minút.

When is the last train?
When is the last tram?
When is the last bus?

Kedy ide posledné metro?
Kedy ide posledná električka?
Kedy ide posledný autobus?

Do you have a ticket?
A ticket? – No, I don't have one.
Then you have to pay a fine.

Máte cestovný lístok?
Cestovný lístok? – Nie, nemám žiadny.
Potom musíte zaplatiť pokutu.

37 [thirty-seven]

En route

37 [tridsaťsedem]

Na cestách

He drives a motorbike.
He rides a bicycle.
He walks.

Jazdí na motorke.
Jazdí na bicykli.
Ide pešo.

He goes by ship.
He goes by boat.
He swims.

Ide loďou.
Ide člnom.
Pláva.

Is it dangerous here?
Is it dangerous to hitchhike alone?
Is it dangerous to go for a walk at night?

Je to tu nebezpečné?
Je nebezpečné stopovať sám?
Je nebezpečné prechádzať sa v noci?

We got lost.
We're on the wrong road.
We must turn around.

Zablúdili sme.
Sme na nesprávnej ceste.
Musíme sa obrátiť.

Where can one park here?
Is there a parking lot here?
How long can one park here?

Kde sa tu dá zaparkovať?
Je tu nejaké parkovisko?
Ako dlho sa tu dá parkovať?

Do you ski?
Do you take the ski lift to the top?
Can one rent skis here?

Lyžujete?
Idete lyžiarskym vlekom hore?
Dajú sa tu požičať lyže?

38 [thirty-eight]

In the taxi

38 [tridsaťosem]

V taxíku

Please call a taxi. What does it cost to go to the station? What does it cost to go to the airport?	Zavolajte prosím taxík. Koľko to stojí na železničnú stanicu? Koľko to stojí na letisko?
Please go straight ahead. Please turn right here. Please turn left at the corner.	Rovno, prosím. Prosím, tu doprava. Prosím, tam na rohu doľava.
I'm in a hurry. I have time. Please drive slowly.	Ponáhľam sa. Mám čas. Jazdite prosím pomalšie.
Please stop here. Please wait a moment. I'll be back immediately.	Zastavte prosím. Počkajte prosím chvíľu. Hneď som späť.
Please give me a receipt. I have no change. That is okay, please keep the change.	Dajte mi prosím účet. Nemám drobné. To je dobré. Zvyšok je pre Vás.
Drive me to this address. Drive me to my hotel. Drive me to the beach.	Zavezte ma na túto adresu. Zavezte ma k hotelu. Zavezte ma na pláž.

39 [thirty-nine]

Car breakdown

39 [tridsaťdeväť]

Porucha auta

Where is the next gas station?	Kde je najbližšia čerpacia stanica?
I have a flat tyre / tire *(am.)*.	Mám defekt.
Can you change the tyre / tire *(am.)*?	Môžete vymeniť koleso?
I need a few litres /liters *(am.)* of diesel.	Potrebujem pár litrov nafty.
I have no more petrol / gas *(am.)*.	Nemám už žiaden benzín.
Do you have a petrol can / jerry can / gas can *(am.)*?	Máte náhradný kanister?
Where can I make a call?	Kde si môžem zatelefonovať?
I need a towing service.	Potrebujem odťahovú službu.
I'm looking for a garage.	Hľadám autoopravovňu.
An accident has occurred.	Stala sa nehoda.
Where is the nearest telephone?	Kde je najbližší telefón?
Do you have a mobile / cell phone *(am.)* with you?	Máte pri sebe mobilný telefón?
We need help.	Potrebujeme pomoc.
Call a doctor!	Zavolajte lekára!
Call the police!	Zavolajte políciu!
Your papers, please.	Vaše doklady, prosím.
Your licence / license *(am.)*, please.	Váš vodičský preukaz, prosím.
Your registration, please.	Váš technický preukaz, prosím.

40 [forty]

Asking for directions

40 [štyridsať]

Pýtať sa na cestu

Excuse me!
Can you help me?
Is there a good restaurant around here?

Prepáčte!
Môžete mi pomôcť?
Kde je tu nejaká dobrá reštaurácia?

Take a left at the corner.
Then go straight for a while.
Then go right for a hundred metres / meters *(am.)*.

Choďte vľavo za roh.
Choďte potom kúsok rovno.
Choďte potom sto metrov doprava.

You can also take the bus.
You can also take the tram.
You can also follow me with your car.

Môžete ísť aj autobusom.
Môžete ísť aj električkou.
Môžete ísť jednoducho aj za mnou.

How do I get to the football / soccer *(am.)* stadium?
Cross the bridge!
Go through the tunnel!

Ako sa dostanem k futbalovému štadiónu?
Prejdite cez most!
Choďte cez tunel!

Drive until you reach the third traffic light.
Then turn into the first street on your right.
Then drive straight through the next intersection.

Choďte až k tretiemu semaforu.
Na prvej ulici potom odbočte doprava.
Choďte potom rovno cez ďalšiu križovatku.

Excuse me, how do I get to the airport?
It is best if you take the underground / subway *(am.)*
Simply get out at the last stop.

Prepáčte, ako sa dostanem na letisko?
Najlepšie bude, ak pôjdete metrom.
Odvezte sa až na konečnú stanicu.

41 [forty-one]

41 [štyridsaťjeden]

Where is ... ?

Orientácia

Where is the tourist information office?	Kde je turistická informačná kancelária?
Do you have a city map for me?	Máte pre mňa mapu mesta?
Can one reserve a room here?	Dá sa tu rezervovať hotelová izba?
Where is the old city?	Kde je staré mesto?
Where is the cathedral?	Kde je dóm?
Where is the museum?	Kde je múzeum?
Where can one buy stamps?	Kde sa dajú kúpiť poštové známky?
Where can one buy flowers?	Kde sa dajú kúpiť kvety?
Where can one buy tickets?	Kde sa dajú kúpiť cestovné lístky?
Where is the harbour / harbor *(am.)*?	Kde je prístav?
Where is the market?	Kde je trh?
Where is the castle?	Kde je zámok?
When does the tour begin?	Kedy začína prehliadka?
When does the tour end?	Kedy končí prehliadka?
How long is the tour?	Ako dlho trvá prehliadka?
I would like a guide who speaks German.	Chcel /a by som sprievodcu, ktorý hovorí po nemecky.
I would like a guide who speaks Italian.	Chcel /a by som sprievodcu, ktorý hovorí po taliansky.
I would like a guide who speaks French.	Chcel /a by som sprievodcu, ktorý hovorí po francúzsky.

42 [forty-two]

City tour

42 [štyridsaťdva]

Prehliadka mesta

Is the market open on Sundays?	Je trh otvorený každú nedeľu?
Is the fair open on Mondays?	Je veľtrh otvorený každý pondelok?
Is the exhibition open on Tuesdays?	Je výstava otvorená každý utorok?
Is the zoo open on Wednesdays?	Je zoo otvorené každú stredu?
Is the museum open on Thursdays?	Je múzeum otvorené každý štvrtok?
Is the gallery open on Fridays?	Je galéria otvorená každý piatok?
Can one take photographs?	Môže sa tu fotografovať?
Does one have to pay an entrance fee?	Musí sa platiť vstupné?
How much is the entrance fee?	Koľko stojí vstupné?
Is there a discount for groups?	Poskytujete zľavu pre skupiny?
Is there a discount for children?	Poskytujete zľavu pre deti?
Is there a discount for students?	Poskytujete zľavu pre študentov?
What building is that?	Čo je to za budovu?
How old is the building?	Aká stará je tá budova?
Who built the building?	Kto postavil tú budovu?
I'm interested in architecture.	Zaujímam sa o architektúru.
I'm interested in art.	Zaujímam sa o umenie.
I'm interested in paintings.	Zaujímam sa o maliarstvo.

43 [forty-three]

At the zoo

43 [štyridsaťtri]

V zoo

The zoo is there.	Tam je zoo.
The giraffes are there.	Tam sú žirafy.
Where are the bears?	Kde sú medvede?
Where are the elephants?	Kde sú slony?
Where are the snakes?	Kde sú hady?
Where are the lions?	Kde sú levy?
I have a camera.	Mám fotoaparát.
I also have a video camera.	Mám tiež filmovú kameru.
Where can I find a battery?	Kde je batéria?
Where are the penguins?	Kde sú tučniaky?
Where are the kangaroos?	Kde sú klokany?
Where are the rhinos?	Kde sú nosorožce?
Where is the toilet / restroom *(am.)*?	Kde sú záchody?
There is a café over there.	Tam je kaviareň.
There is a restaurant over there.	Tam je reštaurácia.
Where are the camels?	Kde sú ťavy?
Where are the gorillas and the zebras?	Kde sú gorily a zebry?
Where are the tigers and the crocodiles?	Kde sú tigre a krokodíly?

44 [forty-four]

Going out in the evening

44 [štyridsaťštyri]

Večerný program

Is there a disco here?
Is there a nightclub here?
Is there a pub here?

Je tu nejaká diskotéka?
Je tu nejaký nočný klub?
Je tu nejaká krčma?

What's playing at the theatre / theater *(am.)* this evering?
What's playing at the cinema / movies *(am.)* this evening?
What's on TV this evening?

Čo hrajú dnes večer v divadle?
Čo premietajú dnes večer v kine?
Čo ide dnes večer v televízii?

Are tickets for the theatre / theater *(am.)* still available?
Are tickets for the cinema / movies *(am.)* still available?
Are tickets for the football / soccer *am.* game still available?

Sú ešte lístky do divadla?
Sú ešte lístky do kina?
Sú ešte lístky na futbalový zápas?

I want to sit in the back.
I want to sit somewhere in the middle.
I want to sit at the front.

Chcel by som sedieť celkom vzadu.
Chcel by som sedieť niekde v strede.
Chcel by som sedieť celkom vpredu.

Could you recommend something?
When does the show begin?
Can you get me a ticket?

Môžete mi niečo odporučiť?
Kedy začína predstavenie?
Môžete mi zohnať lístok?

Is there a golf course nearby?
Is there a tennis court nearby?
Is there an indoor swimming pool nearby?

Je tu v blízkosti golfové ihrisko?
Je tu v blízkosti tenisový kurt?
Je tu v blízkosti krytá plaváreň?

45 [forty-five]

45 [štyridsaťpäť]

At the cinema

V kine

We want to go to the cinema. A good film is playing today. The film is brand new.	Chceme ísť do kina. Dnes dávajú dobrý film. Film je celkom nový.
Where is the cash register? Are seats still available? How much are the admission tickets?	Kde je pokladňa? Sú ešte voľné miesta? Koľko stoja vstupenky?
When does the show begin? How long is the film? Can one reserve tickets?	Kedy začína predstavenie? Ako dlho trvá film? Možno rezervovať vstupenky?
I want to sit at the back. I want to sit at the front. I want to sit in the middle.	Chcel by som sedieť vzadu. Chcel by som sedieť vpredu. Chcel by som sedieť v strede.
The film was exciting. The film was not boring. But the book on which the film was based was better.	Film bol napínavý. Film nebol nudný. Ale knižná predloha bola lepšia.
How was the music? How were the actors? Were there English subtitles?	Aká bola hudba? Akí boli herci? Boli titulky v anglickom jazyku?

46 [forty-six]

In the discotheque

46 [štyridsaťšesť]

Na diskotéke

Is this seat taken?
May I sit with you?
Sure.

Je toto miesto voľné?
Smiem si k Vám sadnúť?
Iste.

How do you like the music?
A little too loud.
But the band plays very well.

Ako sa Vám páči tá hudba?
Je trochu hlasná.
Ale tá skupina hrá celkom dobre.

Do you come here often?
No, this is the first time.
I've never been here before.

Chodievate sem často?
Nie, toto je prvý raz.
Ešte som tu nebol.

Would you like to dance?
Maybe later.
I can't dance very well.

Zatancujete si?
Možno neskôr.
Neviem tak dobre tancovať.

It's very easy.
I'll show you.
No, maybe some other time.

To je celkom jednoduché.
Ukážem Vám to.
Nie, radšej niekedy inokedy.

Are you waiting for someone?
Yes, for my boyfriend.
There he is!

Čakáte na niekoho?
Áno, na môjho priateľa.
Tam vzadu už prichádza!

47 [forty-seven]

Preparing a trip

47 [štyridsaťsedem]

Prípravy na cestu

You have to pack our suitcase!	Musíš zbaliť náš kufor!
Don't forget anything!	Nesmieš na nič zabudnúť!
You need a big suitcase!	Potrebuješ veľký kufor!
Don't forget your passport!	Nezabudni cestovný pas!
Don't forget your ticket!	Nezabudni letenku!
Don't forget your traveller's cheques / traveler's checks *(am.)*!	Nezabudni cestovné šeky!
Take some suntan lotion with you.	Zober so sebou krém na opaľovanie.
Take the sun-glasses with you.	Zober so sebou slnečné okuliare.
Take the sun hat with you.	Zober so sebou klobúk proti slnku.
Do you want to take a road map?	Chceš si so sebou vziať mapu?
Do you want to take a travel guide?	Chceš si so sebou vziať cestovného sprievodcu?
Do you want to take an umbrella?	Chceš si so sebou vziať dáždnik?
Remember to take pants, shirts and socks.	Nezabudni na nohavice, košele, ponožky.
Remember to take ties, belts and sports jackets.	Nezabudni na kravaty, opasky, saká.
Remember to take pyjamas, nightgowns and t-shirts.	Nezabudni na pyžamy, nočné košele a tričká.
You need shoes, sandals and boots.	Potrebuješ topánky, sandále a čižmy.
You need handkerchiefs, soap and a nail clipper.	Potrebuješ vreckovky, mydlo a nožničky na nechty.
You need a comb, a toothbrush and toothpaste.	Potrebuješ hrebeň, zubnú kefku a zubnú pastu.

48 [forty-eight]

Vacation activities

48 [štyridsaťosem]

Aktivity na dovolenke

Is the beach clean?	Je tá pláž čistá?
Can one swim there?	Dá sa tam kúpať?
Isn't it dangerous to swim there?	Nie je nebezpečné kúpať sa tam?
Can one rent a sun umbrella / parasol here?	Je možné požičať si tu slnečník?
Can one rent a deck chair here?	Je možné požičať si tu ležadlo?
Can one rent a boat here?	Je možné požičať si tu čln?
I would like to surf.	Rád by som surfoval.
I would like to dive.	Rád by som sa potápal.
I would like to water ski.	Rád by som jazdil na vodných lyžiach.
Can one rent a surfboard?	Dá sa tu prenajať surf?
Can one rent diving equipment?	Dá sa tu prenajať potápačská výstroj?
Can one rent water skis?	Dajú sa tu prenajať vodné lyže?
I'm only a beginner.	Som len začiatočník.
I'm moderately good.	Som stredne dobrý.
I'm pretty good at it.	Už s tým viem zaobchádzať.
Where is the ski lift?	Kde je lyžiarsky vlek?
Do you have skis?	Máš so sebou lyže?
Do you have ski boots?	Máš so sebou lyžiarske topánky?

49 [forty-nine]

Sports

49 [štyridsaťdeväť]

Šport

Do you exercise?
Yes, I need some exercise.
I am a member of a sports club.

Športuješ?
Áno, musím sa hýbať.
Chodím do športového klubu.

We play football / soccer *(am.)*.
We swim sometimes.
Or we cycle.

Hráme futbal.
Niekedy plávame.
Alebo sa bicyklujeme.

There is a football / soccer *(am.)* stadium in our city.
There is also a swimming pool with a sauna.
And there is a golf course.

V našom meste máme futbalový štadión.
Máme tu aj plaváreň so saunou.
Máme aj golfové ihrisko.

What is on TV?
There is a football / soccer *(am.)* match on now.
The German team is playing against the English one.

Čo dávajú v televízii?
Práve dávajú futbal.
Nemecké mužstvo hrá proti anglickému.

Who is winning?
I have no idea.
It is currently a tie.

Kto vyhráva?
Netuším.
V tomto momente je to nerozhodne.

The referee is from Belgium.
Now there is a penalty.
Goal! One – zero!

Rozhodca je z Belgicka.
Teraz sa kope jedenástka.
Gól! Jedna nula!

50 [fifty]

In the swimming pool

50 [päťdesiat]

Na kúpalisku

It is hot today.	Dnes je horúco.
Shall we go to the swimming pool?	Ideme na kúpalisko?
Do you feel like swimming?	Máš chuť ísť plávať?
Do you have a towel?	Máš uterák?
Do you have swimming trunks?	Máš plavky?
Do you have a bathing suit?	Máš plavky?
Can you swim?	Vieš plávať?
Can you dive?	Vieš sa potápať?
Can you jump in the water?	Vieš skákať do vody?
Where is the shower?	Kde je sprcha?
Where is the changing room?	Kde je kabínka na prezliekanie?
Where are the swimming goggles?	Kde sú plavecké okuliare?
Is the water deep?	Je voda hlboká?
Is the water clean?	Je voda čistá?
Is the water warm?	Je voda teplá?
I am freezing.	Je mi zima.
The water is too cold.	Voda je príliš studená.
I am getting out of the water now.	Idem z vody von.

51 [fifty-one]

Running errands

51 [päťdesiatjeden]

Vybavovanie

I want to go to the library.	Chcem ísť do knižnice.
I want to go to the bookstore.	Chcem ísť do kníhkupectva.
I want to go to the newspaper stand.	Chcem ísť do stánku.
I want to borrow a book.	Chcem si požičať knihu.
I want to buy a book.	Chcem si kúpiť knihu.
I want to buy a newspaper.	Chcem si kúpiť noviny.
I want to go to the library to borrow a book.	Chcem ísť do knižnice, aby som si požičala knihu.
I want to go to the bookstore to buy a book.	Chcem ísť do kníhkupectva, aby som kúpila knihu.
I want to go to the kiosk / newspaper stand to buy a newspaper.	Chcem ísť do stánku, aby som kúpila noviny.
I want to go to the optician.	Chcem ísť do optiky.
I want to go to the supermarket.	Chcem ísť do supermarketu.
I want to go to the bakery.	Chcem ísť k pekárovi.
I want to buy some glasses.	Chcem kúpiť okuliare.
I want to buy fruit and vegetables.	Chcem kúpiť ovocie a zeleninu.
I want to buy rolls and bread.	Chcem kúpiť žemle a chlieb.
I want to go to the optician to buy glasses.	Chcem ísť do optiky, aby som kúpil(a) okuliare.
I want to go to the supermarket to buy fruit and vegetables.	Chcem ísť do supermarketu, aby som kúpil(a) ovocie a zeleninu.
I want to go to the baker to buy rolls and bread.	Chcem ísť do pekárne, aby som kúpil(a) žemle a chlieb.

52 [fifty-two]

In the department store

52 [päťdesiatdva]

V obchodnom dome

Shall we go to the department store?
I have to go shopping.
I want to do a lot of shopping.

Ideme do obchodného domu?
Musím urobiť nejaké nákupy.
Chcem toho veľa nakúpiť.

Where are the office supplies?
I need envelopes and stationery.
I need pens and markers.

Kde sú kancelárske potreby?
Potrebujem poštové obálky a papier.
Potrebujem perá a zvýrazňovače.

Where is the furniture?
I need a cupboard and a chest of drawers.
I need a desk and a bookshelf.

Kde je nábytok?
Potrebujem skriňu a komodu.
Potrebujem písací stôl a policu.

Where are the toys?
I need a doll and a teddy bear.
I need a football and a chess board.

Kde sú hračky?
Potrebujem bábiku a medvedíka.
Potrebujem futbalovú loptu a šachy.

Where are the tools?
I need a hammer and a pair of pliers.
I need a drill and a screwdriver.

Kde je náradie?
Potrebujem kladivo a kliešte.
Potrebujem vrták a skrutkovač.

Where is the jewellery / jewelry *(am.)* department?
I need a chain and a bracelet.
I need a ring and earrings.

Kde sú šperky?
Potrebujem retiazku a náramok.
Potrebujem prsteň a náušnice.

53 [fifty-three]

Shops

53 [päťdesiattri]

Obchody

We're looking for a sports shop.
We're looking for a butcher shop.
We're looking for a pharmacy / drugstore *(am.)*.

Hľadáme obchod so športovými potrebami.
Hľadáme mäsiarstvo.
Hľadáme lekáreň.

We want to buy a football.
We want to buy salami.
We want to buy medicine.

Chceli by sme totiž kúpiť futbalovú loptu.
Chceli by sme totiž kúpiť salámu.
Chceli by sme totiž kúpiť lieky.

We're looking for a sports shop to buy a football.
We're looking for a butcher shop to buy salami.
We're looking for a drugstore to buy medicine.

Hľadáme obchod so športovými potrebami, aby sme kúpili futbalovú loptu.
Hľadáme mäsiarstvo, aby sme kúpili salámu.
Hľadáme lekáreň, aby sme kúpili lieky.

I'm looking for a jeweller / jeweler *(am.)*.
I'm looking for a photo equipment store.
I'm looking for a confectionery.

Hľadám klenotníctvo.
Hľadám foto predajňu.
Hľadám cukráreň.

I actually plan to buy a ring.
I actually plan to buy a roll of film.
I actually plan to buy a cake.

Chcem totiž kúpiť prsteň.
Chcem totiž kúpiť film.
Chcem totiž kúpiť tortu.

I'm looking for a jeweler to buy a ring.
I'm looking for a photo shop to buy a roll of film.
I'm looking for a confectionery to buy a cake.

Hľadám klenotníka, aby som kúpil prsteň.
Hľadám foto predajňu, aby som kúpil film.
Hľadám cukráreň, aby som kúpil tortu.

54 [fifty-four]

Shopping

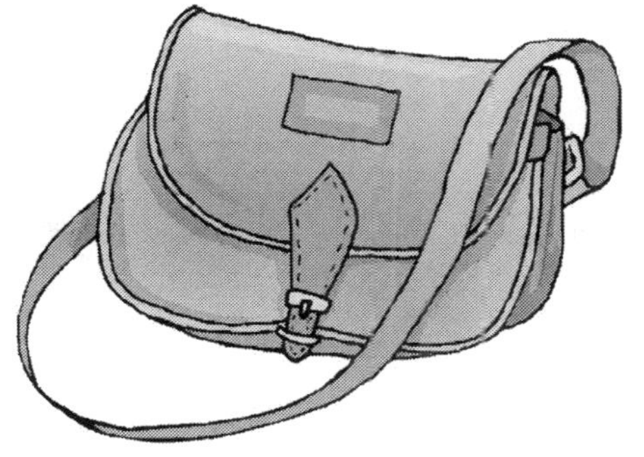

54 [päťdesiatštyri]

Nakupovanie

I want to buy a present.
But nothing too expensive.
Maybe a handbag?

Chcel by som kúpiť darček.
Ale nič príliš drahé.
Možno kabelku?

Which color would you like?
Black, brown or white?
A large one or a small one?

Akú farbu by ste chceli?
Čiernu, hnedú, alebo bielu?
Veľkú alebo malú?

May I see this one, please?
Is it made of leather?
Or is it made of plastic?

Môžem sa pozrieť na túto?
Je z kože?
Alebo je z umelej hmoty?

Of leather, of course.
This is very good quality.
And the bag is really very reasonable.

Samozrejme z kože.
To je obzvlášť dobrá kvalita.
Kabelka je skutočne cenovo výhodná.

I like it.
I'll take it.
Can I exchange it if needed?

To sa mi páči.
Vezmem ju.
Môžem ju eventuálne vymeniť?

Of course.
We'll gift wrap it.
The cashier is over there.

Samozrejme.
Zabalíme ju ako darček.
Tamto je pokladňa.

55 [fifty-five]

Working

55 [päť desiatpäť]

Práca

What do you do for a living?	Aké máte povolanie?
My husband is a doctor.	Môj muž je povolaním lekár.
I work as a nurse part-time.	Pracujem ako zdravotná sestra na polovičný úväzok.
We will soon receive our pension.	Čoskoro dostaneme dôchodok.
But taxes are high.	Ale dane sú vysoké.
And health insurance is expensive.	A zdravotné poistenie je vysoké.
What would you like to become some day?	Čím by si raz chcel byť?
I would like to become an engineer.	Chcel by som byť inžinierom.
I want to go to college.	Chcem študovať na univerzite.
I am an intern.	Som praktikant.
I do not earn much.	Nezarábam veľa.
I am doing an internship abroad.	Praxujem v zahraničí.
That is my boss.	Toto je môj šéf.
I have nice colleagues.	Mám milých kolegov.
We always go to the cafeteria at noon.	Napoludnie ideme vždy do jedálne.
I am looking for a job.	Hľadám prácu.
I have already been unemployed for a year.	Už rok som nezamestnaný.
There are too many unemployed people in this country.	V tejto krajine je veľmi veľa nezamestnaných.

56 [fifty-six]

Feelings

56 [päťdesiatšesť]

City

to feel like / want to	mať chuť (na niečo, niečo robiť)
We feel like / want to.	Máme chuť.
We don't feel like / want to.	Nemáme chuť.
to be afraid	mať strach
I'm afraid.	Mám strach. / Bojím sa.
I am not afraid.	Nemám žiadny strach. / Nebojím sa.
to have time	mať čas
He has time.	Má čas.
He has no time.	Nemá čas.
to be bored	nudiť sa
She is bored.	Nudí sa.
She is not bored.	Nenudí sa.
to be hungry	mať hlad, byť hladný
Are you hungry?	Máte hlad? Ste hladní?
Aren't you hungry?	Nemáte hlad? Nie ste hladní?
to be thirsty	mať smäd, byť smädný
They are thirsty.	Majú smäd. Sú smädní.
They are not thirsty.	Nemajú smäd. Nie sú smädní.

57 [fifty-seven]

At the doctor

57 [päťdesiatsedem]

U lekára

I have a doctor's appointment.	Som objednadný u lekára.
I have the appointment at ten o'clock.	Mám termín o desiatej.
What is your name?	Ako sa voláte?
Please take a seat in the waiting room.	Prosím posaďte sa do čakárne.
The doctor is on his way.	Lekár hneď príde.
What insurance company do you belong to?	V akej poistovni ste poistený?
What can I do for you?	Čo pre Vás môžem urobiť?
Do you have any pain?	Máte bolesti?
Where does it hurt?	Kde to bolí?
I always have back pain.	Mám stále bolesti chrbta.
I often have headaches.	Často mávam bolesti hlavy.
I sometimes have stomach aches.	Niekedy mám bolesti brucha.
Remove your top!	Vyzlečte sa do pol pása!
Lie down on the examining table.	Ľahnite si prosím na ležadlo!
Your blood pressure is okay.	Krvný tlak je v poriadku.
I will give you an injection.	Dám Vám injekciu.
I will give you some pills.	Dám Vám tabletky.
I am giving you a prescription for the pharmacy.	Predpíšem Vám recept do lekárne.

58 [fifty-eight]

Parts of the body

58 [päťdesiatosem]

Časti tela

I am drawing a man.
First the head.
The man is wearing a hat.

Kreslím muža.
Najprv hlavu.
Muž má klobúk.

One cannot see the hair.
One cannot see the ears either.
One cannot see his back either.

Vlasy nie je vidno.
Uši takisto nie je vidno.
Chrbát takisto nie je vidno.

I am drawing the eyes and the mouth.
The man is dancing and laughing.
The man has a long nose.

Nakreslím oči a ústa.
Muž tancuje a smeje sa.
Muž má dlhý nos.

He is carrying a cane in his hands.
He is also wearing a scarf around his neck.
It is winter and it is cold.

V rukách má palicu.
Okolo krku má tiež šál.
Je zima a je chladno.

The arms are athletic.
The legs are also athletic.
The man is made of snow.

Ruky sú silné.
Nohy sú tiež silné.
Muž je zo snehu.

He is neither wearing pants nor a coat.
But the man is not freezing.
He is a snowman.

Nemá nohavice ani plášť.
Ale nemrzne.
Je to snehuliak.

59 [fifty-nine]

At the post office

59 [pätdesiatdeväť]

Na pošte

Where is the nearest post office?
Is the post office far from here?
Where is the nearest mail box?

Kde je najbližšia pošta?
Je to ďaleko k najbližšej pošte?
Kde je najbližšia poštová schránka?

I need a couple of stamps.
For a card and a letter.
How much is the postage to America?

Potrebujem pár poštových známok.
Na pohľadnicu a list.
Aké je poštovné do Ameriky?

How heavy is the package?
Can I send it by air mail?
How long will it take to get there?

Koľko váži balík?
Môžem ho poslať leteckou poštou?
Ako dlho trvá, kým príde?

Where can I make a call?
Where is the nearest telephone booth?
Do you have calling cards?

Kde môžem telefonovať?
Kde je najbližšia telefónna búdka?
Máte telefónne karty?

Do you have a telephone directory?
Do you know the area code for Austria?
One moment, I'll look it up.

Máte telefónny zoznam?
Viete predvoľbu do Rakúska?
Moment. Pozriem sa.

The line is always busy.
Which number did you dial?
You have to dial a zero first!

Linka je stále obsadená.
Aké číslo ste vytočili?
Najprv musíte vytočiť nulu!

60 [sixty]

At the bank

60 [šesťdesiat]

V banke

I would like to open an account.
Here is my passport.
And here is my address.

Chcel by som si otvoriť účet.
Tu je môj pas.
A tu je moja adresa.

I want to deposit money in my account.
I want to withdraw money from my account.
I want to pick up the bank statements.

Chcel by som na svoj účet vložiť peniaze.
Chcel by som zo svojho účtu vybrať peniaze.
Chcel by som si vyzdvihnúť výpisy z účtu.

I want to cash a traveller's cheque / traveler's check *(am.)*.
What are the fees?
Where should I sign?

Chcel by som vyplatiť cestovný šek.
Aké veľké sú poplatky?
Kde sa musím podpísať?

I'm expecting a transfer from Germany.
Here is my account number.
Has the money arrived?

Očakávam prevod z Nemecka.
Tu je číslo môjho účtu.
Prišli už peniaze?

I want to change money.
I need US-Dollars.
Could you please give me small notes / bills *(am.)*?

Chcel by som zameniť tieto peniaze.
Potrebujem americké doláre.
Dajte mi prosím malé bankovky.

Is there a cashpoint / an ATM *(am.)*?
How much money can one withdraw?
Which credit cards can one use?

Je tu niekde bankomat?
Koľko peňazí môžem vybrať?
Aké kreditné karty sa môžu používať?

61 [sixty-one]

Ordinal numbers

61 [šesťdesiatjeden]

Radové číslovky

The first month is January.
The second month is February.
The third month is March.

Prvý mesiac je január.
Druhý mesiac je február.
Tretí mesiac je marec.

The fourth month is April.
The fifth month is May.
The sixth month is June.

Štvrtý mesiac je apríl.
Piaty mesiac je máj.
Šiesty mesiac je jún.

Six months make half a year.
January, February, March,
April, May and June.

Šesť mesiacov je pol roka.
Január, február, marec,
apríl, máj a jún.

The seventh month is July.
The eighth month is August.
The ninth month is September.

Siedmy mesiac je júl.
Ôsmy mesiac je august.
Deviaty mesiac je september.

The tenth month is October.
The eleventh month is November.
The twelfth month is December.

Desiaty mesiac je október.
Jedenásty mesiac je november.
Dvanásty mesiac je december.

Twelve months make a year.
July, August, September,
October, November and December.

Dvanásť mesiacov je jeden rok.
Júl, august, september,
október, november a december.

62 [sixty-two]

Asking questions 1

62 [šestdesiatdva]

Pýtať sa 1

to learn	učiť sa
Do the students learn a lot?	Učia sa žiaci veľa?
No, they learn a little.	Nie, učia sa málo.
to ask	pýtať sa
Do you often ask the teacher questions?	Pýtate sa často učiteľa?
No, I don't ask him questions often.	Nie, nepýtam sa často.
to reply	odpovedať
Please reply.	Odpovedajte, prosím.
I reply.	Odpovedám.
to work	pracovať
Is he working right now?	Práve pracuje?
Yes, he is working right now.	Áno, práve pracuje.
to come	Prísť
Are you coming?	Prídete?
Yes, we are coming soon.	Áno, hneď prídeme.
to live	Bývať
Do you live in Berlin?	Bývate v Berlíne?
Yes, I live in Berlin.	Áno, bývam v Berlíne.

63 [sixty-three]

63 [šestdesiattri]

Asking questions 2

Pýtať sa 2

I have a hobby.	Mám koníčka.
I play tennis.	Hrám tenis.
Where is the tennis court?	Kde je tenisový kurt?
Do you have a hobby?	Máš nejaký koníček?
I play football / soccer *(am.)*.	Hrám futbal.
Where is the football / soccer *(am.)* field?	Kde je futbalové ihrisko?
My arm hurts.	Bolí ma rameno.
My foot and hand also hurt.	Moja noha a moja ruka takisto bolia.
Is there a doctor?	Kde je doktor?
I have a car/automobile.	Mám auto.
I also have a motorcycle.	Mám aj motorku.
Where could I park?	Kde je parkovisko?
I have a sweater.	Mám pulóver.
I also have a jacket and a pair of jeans.	Mám aj bundu a džínsy.
Where is the washing machine?	Kde je práčka?
I have a plate.	Mám tanier.
I have a knife, a fork and a spoon.	Mám nôž, vidličku a lyžičku.
Where is the salt and pepper?	Kde je soľ a korenie?

64 [sixty-four]

Negation 1

64 [šesťdesiatštyri]

Zápor 1

I don't understand the word.
I don't understand the sentence.
I don't understand the meaning.

Nerozumiem tomu slovu.
Nerozumiem tej vete.
Nerozumiem významu.

the teacher
Do you understand the teacher?
Yes, I understand him well.

učiteľ
Rozumiete učiteľovi?
Áno, rozumiem mu dobre.

the teacher
Do you understand the teacher?
Yes, I understand her well.

učiteľka
Rozumiete učiteľke?
Áno, rozumiem jej dobre.

the people
Do you understand the people?
No, I don't understand them so well.

ľudia
Rozumiete ľuďom?
Nie, nerozumiem im veľmi dobre.

the girlfriend
Do you have a girlfriend?
Yes, I do.

priateľka
Máte priateľku?
Áno, mám.

the daughter
Do you have a daughter?
No, I don't.

dcéra
Máte dcéru?
Nie, nemám.

65 [sixty-five]

Negation 2

65 [šesťdesiatpäť]

Zápor 2

Is the ring expensive?
No, it costs only one hundred Euros.
But I have only fifty.

Je ten prsteň drahý?
Nie, stojí len sto eur.
Ale mám len päťdesiať.

Are you finished?
No, not yet.
But I'll be finished soon.

Si už hotový?
Nie, ešte nie.
Ale hneď budem hotový.

Do you want some more soup?
No, I don't want anymore.
But another ice cream.

Chcel by si ešte polievku?
Nie, už nechcem.
Ale ešte jednu zmrzlinu.

Have you lived here long?
No, only for a month.
But I already know a lot of people.

Bývaš tu už dlho?
Nie, len jeden mesiac.
Ale poznám už veľa ľudí.

Are you driving home tomorrow?
No, only on the weekend.
But I will be back on Sunday.

Ideš zajtra domov?
Nie, až cez víkend.
Ale vrátim sa už v nedeľu.

Is your daughter an adult?
No, she is only seventeen.
But she already has a boyfriend.

Je tvoja dcéra už dospelá?
Nie, má iba sedemnásť.
Ale už má priateľa.

66 [sixty-six]

Possessive pronouns 1

66 [šesťdesiatšesť]

Privlastňovacie zámená 1

I – my	ja – môj
I can't find my key.	Nemôžem nájsť svoj kľúč.
I can't find my ticket.	Nemôžem nájsť svoj cestovný lístok.
you – your	ty -tvoj
Have you found your key?	Našiel si už svoje kľúče?
Have you found your ticket?	Našiel si už svoje cestovné lístky?
he – his	on – jeho
Do you know where his key is?	Vieš, kde je jeho kľúč?
Do you know where his ticket is?	Vieš, kde je jeho cestovný lístok?
she – her	ona – jej
Her money is gone.	Jej peniaze sú preč.
And her credit card is also gone.	A jej kreditná karta je tiež preč.
we – our	my – náš, naša, naše
Our grandfather is ill.	Náš dedko je chorý.
Our grandmother is healthy.	Naša babka je zdravá.
you – your	vy – váš, vaša, vaše
Children, where is your father?	Deti, kde je váš ocko?
Children, where is your mother?	Deti, kde je vaša mamička?

67 [sixty-seven]

Possessive pronouns 2

67
[šesťdesiatsedem]

Privlastňovacie zámená 2

the glasses
He has forgotten his glasses.
Where has he left his glasses?

okuliare
Zabudol si svoje okuliare.
Kde len má svoje okuliare?

the clock
His clock isn't working.
The clock hangs on the wall.

hodinky
Jeho hodinky sú pokazené.
Hodiny visia na stene.

the passport
He has lost his passport.
Where is his passport then?

pas
Stratil svoj pas.
Kde len má svoj pas?

they – their
The children cannot find their parents.
Here come their parents!

oni-ich
Deti nemôžu nájsť svojich rodičov.
Ale tu už prichádzajú ich rodičia!

you – your
How was your trip, Mr. Miller?
Where is your wife, Mr. Miller?

Vy – Váš, Vaša, Vaše
Aká bola Vaša cesta, pán Müller?
Kde je Vaša žena, pán Müller?

you – your
How was your trip, Mrs. Smith?
Where is your husband, Mrs. Smith?

Vy – Váš, Vaša, Vaše
Aká bola Vaša cesta, pani Schmidtová?
Kde je Váš muž, pani Schmidtová?

68 [sixty-eight]

68 [šesťdesiatosem]

big – small

Veľký – malý

big and small The elephant is big. The mouse is small.	veľký a malý Slon je veľký. Myš je malá.
dark and bright The night is dark. The day is bright.	tmavý a svetlý Noc je tmavá. Deň je svetlý.
old and young Our grandfather is very old. 70 years ago he was still young.	starý a mladý Náš dedko je veľmi starý. Pred 70 rokmi bol ešte mladý.
beautiful and ugly The butterfly is beautiful. The spider is ugly.	pekný a škaredý Motýľ je pekný. Pavúk je škaredý.
fat and thin A woman who weighs a hundred kilos is fat. A man who weighs fifty kilos is thin.	tlstý a chudý Žena, vážiaca 100 kilogramov, je tlstá. Muž, vážiaci 50 kilogramov, je chudý.
expensive and cheap The car is expensive. The newspaper is cheap.	drahý a lacný Auto je drahé. Noviny sú lacné.

69 [sixty-nine]

69 [šesťdesiatdeväť]

to need – to want to

Potrebovať – chcieť

I need a bed. I want to sleep. Is there a bed here?	Potrebujem posteľ. Chcem spať. Je tu posteľ?
I need a lamp. I want to read. Is there a lamp here?	Potrebujem lampu. Chcem čítať. Je tu lampa?
I need a telephone. I want to make a call. Is there a telephone here?	Potrebujem telefón. Chcem telefonovať. Je tu telefón?
I need a camera. I want to take photographs. Is there a camera here?	Potrebujem fotoaparát. Chcem fotografovať. Je tu fotoaparát?
I need a computer. I want to send an email. Is there a computer here?	Potrebujem počítač. Chcem poslať e-mail. Je tu nejaký počítač?
I need a pen. I want to write something. Is there a sheet of paper and a pen here?	Potrebujem gulôčkové pero. Chcem niečo napísať. Je tu kúsok papiera a gulôčkové pero?

70 [seventy]

to like something

70 [sedemdesiat]

Niečo chcieť, želať si

Would you like to smoke?
Would you like to dance?
Would you like to go for a walk?

Chceli by ste fajčiť?
Chceli by ste tancovať?
Chceli by ste sa ísť prechádzať?

I would like to smoke.
Would you like a cigarette?
He wants a light.

Chcel by som fajčiť.
Chcel(a) by si cigaretu?
Chcel by oheň.

I want to drink something.
I want to eat something.
I want to relax a little.

Chcel(a) by som niečo piť.
Chcel(a) by som niečo jesť.
Chcel(a) by som si trochu odpočinúť.

I want to ask you something.
I want to ask you for something.
I want to treat you to something.

Chcel(a) by som sa Vás niečo spýtať.
Chcel(a) by som Vás o niečo poprosiť.
Chcel(a) by som Vás na niečo pozvať.

What would you like?
Would you like a coffee?
Or do you prefer a tea?

Čo si želáte, prosím?
Želáte si kávu?
Alebo si radšej želáte čaj?

We want to drive home.
Do you want a taxi?
They want to make a call.

Chceli by sme ísť domov.
Chceli by ste taxík?
Chceli by telefonovať.

71 [seventy-one]

to want something

71 [sedemdesiatjeden]

Niečo chcieť

What do you want to do?
Do you want to play football / soccer *(am.)*?
Do you want to visit friends?

Čo chcete?
Chcete hrať futbal?
Chcete navštíviť priateľov?

to want
I don't want to arrive late.
I don't want to go there.

chcieť
Nechcem prísť neskoro.
Nechcem tam ísť.

I want to go home.
I want to stay at home.
I want to be alone.

Chcem ísť domov.
Chcem zostať doma.
Chcem byť sám.

Do you want to stay here?
Do you want to eat here?
Do you want to sleep here?

Chceš tu zostať?
Chceš tu jesť?
Chceš tu spať?

Do you want to leave tomorrow?
Do you want to stay till tomorrow?
Do you want to pay the bill only tomorrow?

Chcete zajtra odcestovať?
Chcete zostať do zajtra?
Chcete zaplatiť účet až zajtra?

Do you want to go to the disco?
Do you want to go to the cinema?
Do you want to go to a café?

Chcete ísť na diskotéku?
Chcete ísť do kina?
Chcete ísť do kaviarne?

72 [seventy-two]

to have to do something / must

72 [sedemdesiatdva]

Niečo musieť

must	musieť
I must post the letter.	Musím odoslať list.
I must pay the hotel.	Musím zaplatiť hotel.
You must get up early.	Musíš vstať skoro.
You must work a lot.	Musíš veľa pracovať.
You must be punctual.	Musíš byť dochvíľny.
He must fuel / get petrol / get gas *(am.)*.	Musí tankovať.
He must repair the car.	Musí opraviť auto.
He must wash the car.	Musí umyť auto.
She must shop.	Musí nakupovať.
She must clean the apartment.	Musí vyčistiť byt.
She must wash the clothes.	Musí vyprať bielizeň.
We must go to school at once.	Musíme ísť ihneď do školy.
We must go to work at once.	Musíme ísť ihneď do práce.
We must go to the doctor at once.	Musíme ísť ihneď k lekárovi.
You must wait for the bus.	Musíte počkať na autobus.
You must wait for the train.	Musíte počkať na vlak.
You must wait for the taxi.	Musíte počkať na taxík.

73 [seventy-three]

to be allowed to

73 [sedemdesiattri]

Niečo smieť, môcť

Are you already allowed to drive?	Smieš už šoférovať auto?
Are you already allowed to drink alcohol?	Smieš už piť alkohol?
Are you already allowed to travel abroad alone?	Smieš už ísť sám do zahraničia?
may / to be allowed	smieť, môcť
May we smoke here?	Môžeme tu fajčiť?
Is smoking allowed here?	Môže sa tu fajčiť?
May one pay by credit card?	Môže sa tu platiť kreditnou kartou?
May one pay by cheque / check *(am.)*?	Môže sa tu platiť šekom?
May one only pay in cash?	Môže sa zaplatiť len v hotovosti?
May I just make a call?	Môžem si len zatelefonovať?
May I just ask something?	Môžem sa len niečo spýtať?
May I just say something?	Môžem len niečo povedať?
He is not allowed to sleep in the park.	Nesmie spať v parku.
He is not allowed to sleep in the car.	Nesmie spať v aute.
He is not allowed to sleep at the train station.	Nesmie spať na stanici.
May we take a seat?	Smieme si sadnúť?
May we have the menu?	Môžete nám priniesť jedálny lístok?
May we pay separately?	Môžeme platiť zvlášť?

74 [seventy-four]

Asking for something

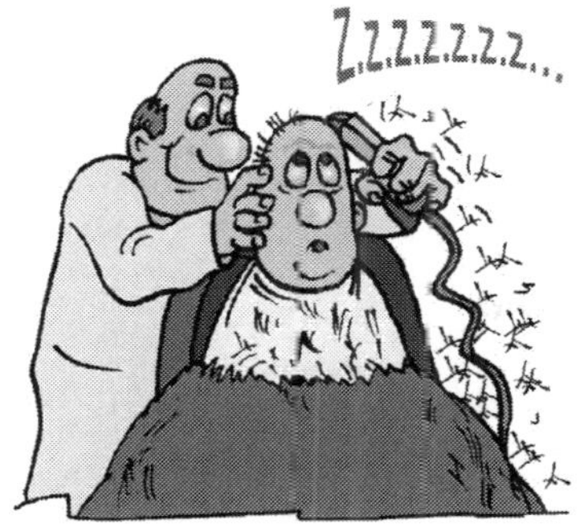

74 [sedemdesiatštyri]

O niečo poprosiť

Can you cut my hair?	Môžete mi ostrihať vlasy?
Not too short, please.	Nie príliš na krátko, prosím.
A bit shorter, please.	Trochu kratšie, prosím.
Can you develop the pictures?	Môžete vyvolať fotky?
The pictures are on the CD.	Fotky sú na CD.
The pictures are in the camera.	Fotky sú vo fotoaparáte.
Can you fix the clock?	Môžete opraviť tie hodiny?
The glass is broken.	Sklo je rozbité.
The battery is dead / empty.	Batéria je prázdna.
Can you iron the shirt?	Môžete vyžehliť tú košeľu?
Can you clean the pants?	Môžete vyčistiť tie nohavice?
Can you fix the shoes?	Môžete opraviť tie topánky?
Do you have a light?	Môžete mi dať oheň?
Do you have a match or a lighter?	Máte zápalky alebo zapaľovač?
Do you have an ashtray?	Máte popolník?
Do you smoke cigars?	Fajčíte cigary?
Do you smoke cigarettes?	Fajčíte cigarety?
Do you smoke a pipe?	Fajčíte fajku?

75 [seventy-five]

Giving reasons 1

75 [sedemdesiatpäť]

Niečo zdôvodniť 1

Why aren't you coming?
The weather is so bad.
I am not coming because the weather is so bad.

Prečo neprídete?
Počasie je také zlé.
Neprídem, pretože počasie je také zlé.

Why isn't he coming?
He isn't invited.
He isn't coming because he isn't invited.

Prečo nepríde?
Nie je pozvaný.
Nepríde, pretože nie je pozvaný.

Why aren't you coming?
I have no time.
I am not coming because I have no time.

Prečo neprídeš?
Nemám čas.
Neprídem, pretože nemám čas.

Why don't you stay?
I still have to work.
I am not staying because I still have to work.

Prečo nezostaneš?
Musím ešte pracovať.
Nezostanem, pretože musím ešte pracovať.

Why are you going already?
I am tired.
I'm going because I'm tired.

Prečo už idete?
Som unavený.
Idem, pretože som unavený.

Why are you going already?
It is already late.
I'm going because it is already late.

Prečo už cestujete?
Je už neskoro.
Cestujem, pretože je už neskoro.

76 [seventy-six]

Giving reasons 2

76 [sedemdesiatšesť]

Niečo zdôvodniť 2

Why didn't you come?
I was ill.
I didn't come because I was ill.

Prečo si neprišiel?
Bol som chorý.
Neprišiel som, pretože som bol chorý.

Why didn't she come?
She was tired.
She didn't come because she was tired.

Prečo neprišla?
Bola unavená.
Neprišla, pretože bola unavená.

Why didn't he come?
He wasn't interested.
He didn't come because he wasn't interested.

Prečo neprišiel?
Nemal chuť.
Neprišiel, pretože nemal chuť.

Why didn't you come?
Our car is damaged.
We didn't come because our car is damaged.

Prečo ste neprišli?
Naše auto je pokazené.
Neprišli sme, pretože naše auto je pokazené.

Why didn't the people come?
They missed the train.
They didn't come because they missed the train.

Prečo tí ľudia neprišli?
Zmeškali vlak.
Neprišli, pretože zmeškali vlak.

Why didn't you come?
I was not allowed to.
I didn't come because I was not allowed to.

Prečo si neprišiel?
Nesmel som.
Neprišiel som, lebo som nesmel.

77 [seventy-seven]

Giving reasons 3

77 [sedemdesiatsedem]

Niečo zdôvodniť 3

Why aren't you eating the cake?
I must lose weight.
I'm not eating it because I must lose weight.

Prečo nejete tortu?
Musím schudnúť.
Nejem ju, pretože musím schudnúť.

Why aren't you drinking the beer?
I have to drive.
I'm not drinking it because I have to drive.

Prečo nepijete pivo?
Musím ešte šoférovať.
Nepijem ho, pretože musím ešte šoférovať.

Why aren't you drinking the coffee?
It is cold.
I'm not drinking it because it is cold.

Prečo nepiješ kávu?
Je studená.
Nepijem ju, pretože je studená.

Why aren't you drinking the tea?
I have no sugar.
I'm not drinking it because I don't have any sugar.

Prečo nepiješ ten čaj?
Nemám cukor.
Nepijem ho, pretože nemám cukor.

Why aren't you eating the soup?
I didn't order it.
I'm not eating it because I didn't order it.

Prečo nejete tú polievku?
Neobjednal som ju.
Nejem ju, pretože som ju neobjednal.

Why don't you eat the meat?
I am a vegetarian.
I'm not eating it because I am a vegetarian.

Prečo nejete to mäso?
Som vegetarián.
Nejem ho, pretože som vegetarián.

78 [seventy-eight]

Adjectives 1

78 [sedemdesiatosem]

Prídavné mená 1

an old lady	stará žena
a fat lady	tlstá žena
a curious lady	zvedavá žena
a new car	nové vozidlo
a fast car	rýchle vozidlo
a comfortable car	pohodlné vozidlo
a blue dress	modré šaty
a red dress	červené šaty
a green dress	zelené šaty
a black bag	čierna taška
a brown bag	hnedá taška
a white bag	biela taška
nice people	milí ľudia
polite people	zdvorilí ľudia
interesting people	zaujímaví ľudia
loving children	milé deti
cheeky children	drzé deti
well behaved children	poslušné deti

79 [seventy-nine]

Adjectives 2

79 [sedemdesiatdeväť]

Prídavné mená 2

I am wearing a blue dress.
I am wearing a red dress.
I am wearing a green dress.

Mám na sebe modré šaty.
Mám na sebe červené šaty.
Mám na sebe zelené šaty.

I'm buying a black bag.
I'm buying a brown bag.
I'm buying a white bag.

Kúpim čiernu tašku.
Kúpim hnedú tašku.
Kúpim bielu tašku.

I need a new car.
I need a fast car.
I need a comfortable car.

Potrebujem nové auto.
Potrebujem rýchle auto.
Potrebujem pohodlné auto.

An old lady lives at the top.
A fat lady lives at the top.
A curious lady lives below.

Tam hore býva stará žena.
Tam hore býva tlstá žena.
Tam dole býva zvedavá žena.

Our guests were nice people.
Our guests were polite people.
Our guests were interesting people.

Naši hostia boli milí ľudia.
Naši hostia boli zdvorilí ľudia.
Naši hostia boli zaujímaví ľudia.

I have lovely children.
But the neighbours have naughty children.
Are your children well behaved?

Mám milé deti.
Ale susedia majú drzé deti.
Sú vaše deti poslušné?

80 [eighty]

Adjectives 3

80 [osemdesiat]

Prídavné mená 3

She has a dog. The dog is big. She has a big dog.	Má psa. Ten pes je veľký. Má veľkého psa.
She has a house. The house is small. She has a small house.	Má dom. Ten dom je malý. Má malý dom.
He is staying in a hotel. The hotel is cheap. He is staying in a cheap hotel.	Býva v hoteli. Ten hotel je lacný. Býva v lacnom hoteli.
He has a car. The car is expensive. He has an expensive car.	Má auto. To auto je drahé. Má drahé auto.
He reads a novel. The novel is boring. He is reading a boring novel.	Číta román. Ten román je nudný. Číta nudný román.
She is watching a movie. The movie is exciting. She is watching an exciting movie.	Pozerá film. Ten film je napínavý. Pozerá napínavý film.

81 [eighty-one]

Past tense 1

81 [osemdesiatjeden]

Minulý čas 1

to write He wrote a letter. And she wrote a card.	písať Písal list. A ona písala pohľadnicu.
to read He read a magazine. And she read a book.	čítať Ćítal časopis. A ona čítala knihu.
to take He took a cigarette. She took a piece of chocolate.	vziať, zobrať Vzal si cigaretu. Vzala si kúsok čokolády.
He was disloyal, but she was loyal. He was lazy, but she was hard-working. He was poor, but she was rich.	On bol neverný, ale ona bola verná. On bol lenivý, ale ona bola usilovná. On bol chudobný, ale ona bola bohatá.
He had no money, only debts. He had no luck, only bad luck. He had no success, only failure.	Nemal peniaze, ale dlhy. Nemal šťastie, ale smolu. Nemal úspech, ale neúspech.
He was not satisfied, but dissatisfied. He was not happy, but sad. He was not friendly, but unfriendly.	Nebol spokojný, ale nespokojný. Nebol šťastný, ale nešťastný. Nebol sympatický, ale nesympatický.

82 [eighty-two]

Past tense 2

82 [osemdesiatdva]

Minulý čas 2

Did you have to call an ambulance? Did you have to call the doctor? Did you have to call the police?	Musel si zavolať sanitku? Musel si zavolať lekára? Musel si zavolať políciu?
Do you have the telephone number? I had it just now. Do you have the address? I had it just now. Do you have the city map? I had it just now.	Máte telefónne číslo? Pred chvíľou som ho ešte mal. Máte adresu? Pred chvíľou som ju ešte mal. Máte mapu mesta? Pred chvíľou som ju ešte mal.
Did he come on time? He could not come on time. Did he find the way? He could not find the way. Did he understand you? He could not understand me.	Prišiel načas? Nemohol prísť načas. Našiel cestu? Nemohol nájsť cestu. Rozumel ti? Nerozumel mi.
Why could you not come on time? Why could you not find the way? Why could you not understand him?	Prečo si nemohol prísť načas? Prečo si nemohol nájsť cestu? Prečo si mu nemohol rozumieť?
I could not come on time because there were no buses. I could not find the way because I had no city map. I could not understand him because the music was so loud.	Nemohol som prísť načas, pretože nešiel žiaden autobus. Nemohol som nájsť cestu, pretože som nemal mapu mesta. Nerozumel som mu, pretože hudba bola príliš hlasná.
I had to take a taxi. I had to buy a city map. I had to switch off the radio.	Musel som ísť taxíkom. Musel som kúpiť mapu mesta. Musel som vypnúť rádio.

83 [eighty-three]

Past tense 3

83 [osemdesiattri]

Minulý čas 3

to make a call	telefonovať
I made a call.	Telefonoval som.
I was talking on the phone all the time.	Celý čas som telefonoval.
to ask	pýtať sa
I asked.	Opýtal som sa.
I always asked.	Vždy som sa pýtal.
to narrate	rozprávať
I narrated.	Rozprával som.
I narrated the whole story.	Rozprával som celý príbeh.
to study	učiť sa
I studied.	Učil som sa.
I studied the whole evening.	Učil som sa celý večer.
to work	pracovať
I worked.	Pracoval som.
I worked all day long.	Pracoval som celý deň.
to eat	jesť
I ate.	Jedol som.
I ate all the food.	Zjedol som celé jedlo.

84 [eighty-four]

84 [osemdesiatštyri]

Past tense 4

Minulý čas 4

to read	čítať
I read.	Čítal som.
I read the whole novel.	Prečítal som celý román.
to understand	rozumieť
I understood.	Rozumel som.
I understood the whole text.	Pochopil som celý text.
to answer	odpovedať
I answered.	Odpovedal som.
I answered all the questions.	Odpovedal som na všetky otázky.
I know that – I knew that.	Viem to – vedel som to.
I write that – I wrote that.	Píšem to – napísal som to.
I hear that – I heard that.	Počujem to – počul som to.
I'll get it – I got it.	Prinesiem to – priniesol som to.
I'll bring that – I brought that.	Donesiem to – doniesol som to.
I'll buy that – I bought that.	Kúpim to – kúpil som to.
I expect that – I expected that.	Očakávam to – očakával som to.
I'll explain that – I explained that.	Vysvetľujem to – vysvetlil som to.
I know that – I knew that.	Poznám to – poznal som to.

85 [eighty-five]

Questions – Past tense 1

85 [osemdesiatpäť]

Otázky – minulý čas 1

How much did you drink?
How much did you work?
How much did you write?

Koľko ste vypili?
Koľko ste pracovali?
Koľko ste napísali?

How did you sleep?
How did you pass the exam?
How did you find the way?

Ako ste spali?
Ako ste spravili skúšku?
Ako ste našli cestu?

Who did you speak to?
With whom did you make an appointment?
With whom did you celebrate your birthday?

S kým ste sa rozprávali?
S kým ste sa dohodli?
S kým ste oslavovali narodeniny?

Where were you?
Where did you live?
Where did you work?

Kde ste boli?
Kde ste bývali?
Kde ste pracovali?

What did you suggest?
What did you eat?
What did you experience?

Čo ste odporučili?
Čo ste jedli?
Čo ste sa dozvedeli?

How fast did you drive?
How long did you fly?
How high did you jump?

Ako rýchlo ste išli?
Ako dlho ste leteli?
Ako vysoko ste vyskočili?

86 [eighty-six]

Questions – Past tense 2

86 [osemdesiatšesť]

Otázky – minulý čas 2

Which tie did you wear?	Ktorú kravatu si nosil?
Which car did you buy?	Ktoré auto si kúpil?
Which newspaper did you subscribe to?	Ktoré noviny si si predplatil?
Who did you see?	Koho ste videli?
Who did you meet?	Koho ste stretli?
Who did you recognize?	Koho ste spoznali?
When did you get up?	Kedy ste vstali?
When did you start?	Kedy ste začali?
When did you finish?	Kedy ste prestali?
Why did you wake up?	Prečo ste sa zobudili?
Why did you become a teacher?	Prečo ste sa stali učiteľom?
Why did you take a taxi?	Prečo ste išli taxíkom?
Where did you come from?	Odkiaľ ste prišli?
Where did you go?	Kam ste išli?
Where were you?	Kde ste boli?
Who did you help?	Komu si pomohol?
Who did you write to?	Komu si písal?
Who did you reply to?	Komu si odpovedal?

87 [eighty-seven]

Past tense of modal verbs 1

87 [osemdesiatsedem]

Minulý čas modálnych slovies 1

We had to water the flowers.
We had to clean the apartment.
We had to wash the dishes.

Museli sme polievať kvetiny.
Museli sme upratať byt.
Museli sme umyť riad.

Did you have to pay the bill?
Did you have to pay an entrance fee?
Did you have to pay a fine?

Museli ste zaplatiť účet?
Museli ste zaplatiť vstup?
Museli ste zaplatiť pokutu?

Who had to say goodbye?
Who had to go home early?
Who had to take the train?

Kto sa musel rozlúčiť?
Kto musel ísť skoro domov?
Kto musel ísť vlakom?

We did not want to stay long.
We did not want to drink anything.
We did not want to disturb you.

Nechceli sme dlho zostať.
Nechceli sme nič piť.
Nechceli sme rušiť.

I just wanted to make a call.
I just wanted to call a taxi.
Actually I wanted to drive home.

Chcel som práve telefonovať.
Chcel som objednať taxík.
Chcel som ísť totiž domov.

I thought you wanted to call your wife.
I thought you wanted to call information.
I thought you wanted to order a pizza.

Myslel som, že chceš zavolať svojej žene.
Myslel som, že chceš zavolať informácie.
Myslel som, že chceš objednať pizzu.

88 [eighty-eight]

Past tense of modal verbs 2

88 [osemdesiatosem]

Minulý čas modálnych slovies 2

My son did not want to play with the doll.
My daughter did not want to play football / soccer *(am.)*.
My wife did not want to play chess with me

Môj syn sa nechcel hrať s bábikou.
Moja dcéra nechcela hrať futbal.
Moja žena so mnou nechcela hrať šach.

My children did not want to go for a walk.
They did not want to tidy the room.
They did not want to go to bed.

Moje deti sa nechceli prechádzať.
Nechceli upratať izbu.
Nechceli ísť do postele.

He was not allowed to eat ice cream.
He was not allowed to eat chocolate.
He was not allowed to eat sweets.

Nesmel jesť zmrzlinu.
Nesmel jesť čokoládu.
Nesmel jesť bonbóny.

I was allowed to make a wish.
I was allowed to buy myself a dress.
I was allowed to take a chocolate.

Mohol som si niečo želať.
Mohla som si kúpiť šaty.
Mohol som si vziať pralinku.

Were you allowed to smoke in the airplane?
Were you allowed to drink beer in the hospital?
Were you allowed to take the dog into the hotel?

Mohol si v lietadle fajčiť?
Mohol si v nemocnici piť pivo?
Mohol si vziať psa do hotela?

During the holidays the children were allowed to remain outside late.
They were allowed to play in the yard for a long time.
They were allowed to stay up late.

Cez prázdniny mohli deti zostať dlho vonku.
Mohli sa dlho hrať na dvore.
Mohli zostať dlho hore.

89 [eighty-nine]

Imperative 1

89 [osemdesiatdeväť]

Rozkazovací spôsob 1

You are so lazy – don't be so lazy!
You sleep for so long – don't sleep so late!
You come home so late – don't come home so late!

Si taký lenivý – nebuď taký lenivý!
Spíš tak dlho – nespi tak dlho!
Chodíš tak neskoro – nechoď tak neskoro!

You laugh so loudly – don't laugh so loudly!
You speak so softly – don't speak so softly!
You drink too much – don't drink so much!

Smeješ sa tak nahlas – nesmej sa tak nahlas!
Hovoríš tak potichu – nehovor tak potichu!
Piješ príliš veľa – nepi tak veľa!

You smoke too much – don't smoke so much!
You work too much – don't work so much!
You drive too fast – don't drive so fast!

Fajčíš priveľa – nefajči tak veľa!
Pracuješ priveľa – tak nepracuj tak veľa!
Jazdíš príliš rýchlo – tak nejazdi tak rýchlo!

Get up, Mr. Miller!
Sit down, Mr. Miller!
Remain seated, Mr. Miller!

Postavte sa, pán Müller!
Sadnite si, pán Müller!
Zostaňte sedieť, pán Müller!

Be patient!
Take your time!
Wait a moment!

Majte strpenie!
Neponáhľajte sa!
Počkajte chvíľu!

Be careful!
Be punctual!
Don't be stupid!

Buďte opatrný!
Buďte dochvíľny!
Nebuďte hlúpy!

90 [ninety]

Imperative 2

90 [deväťdesiat]

Rozkazovací spôsob 2

Shave!
Wash yourself!
Comb your hair!

Ohoľ sa!
Umy sa!
Učeš sa!

Call!
Begin!
Stop!

Zavolaj! Zavolajte!
Začni! Začnite!
Prestaň! Prestaňte!

Leave it!
Say it!
Buy it!

Nechaj to! Nechajte to!
Povedz to! Povedzte to!
Kúp to! Kúpte to!

Never be dishonest!
Never be naughty!
Never be impolite!

Nikdy nebuď nečestný!
Nikdy nebuď drzý!
Nikdy nebuď nezdvorilý!

Always be honest!
Always be nice!
Always be polite!

Vždy buď úprimný!
Vždy buď milý!
Vždy buď zdvorilý!

Hope you arrive home safely!
Take care of yourself!
Do visit us again soon!

Dobre dojdite domov!
Dávajte na seba pozor!
Čoskoro nás opäť navštívte!

91 [ninety-one]

Subordinate clauses: *that* 1

91 [deväťdesiatjeden]

Vedľajšie vety s že 1

Perhaps the weather will get better tomorrow.
How do you know that?
I hope that it gets better.

Počasie bude zajtra možno lepšie.
Odkiaľ to viete?
Dúfam, že bude lepšie.

He will definitely come.
Are you sure?
I know that he'll come.

Celkom určite príde.
Je to isté?
Viem, že príde.

He'll definitely call.
Really?
I believe that he'll call.

Určite zavolá.
Skutočne?
Verím, že zavolá.

The wine is definitely old.
Do you know that for sure?
I think that it is old.

Víno je určite staré.
Viete to presne?
Domnievam sa, že je staré.

Our boss is good-looking.
Do you think so?
I find him very handsome.

Náš šéf vyzerá dobre.
Myslíte?
Myslím, že vyzerá dokonca veľmi dobre.

The boss definitely has a girlfriend.
Do you really think so?
It is very possible that he has a girlfriend.

Šef má určite priateľku.
Skutočne si to myslíte?
Je to celkom možné, že má priateľku.

92 [ninety-two]

Subordinate clauses: *that* 2

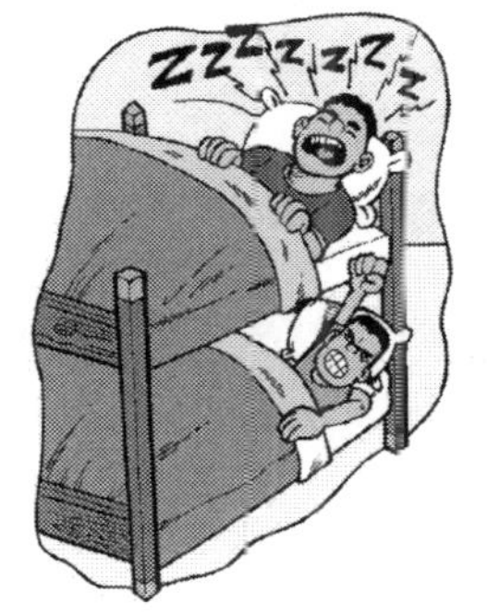

92 [deväťdesiatdva]

Vedľajšie vety s že 2

I'm angry that you snore.
I'm angry that you drink so much beer.
I'm angry that you come so late.

Hnevá ma, že chrápeš.
Hnevá ma, že piješ toľko piva.
Hnevá ma, že chodíš tak neskoro.

I think he needs a doctor.
I think he is ill.
I think he is sleeping now.

Myslím, že potrebuje lekára.
Myslím, že je chorý.
Myslím, že teraz spí.

We hope that he marries our daughter.
We hope that he has a lot of money.
We hope that he is a millionaire.

Dúfame, že sa ožení s našou dcérou.
Dúfame, že má veľa peňazí.
Dúfame, že je milionár.

I heard that your wife had an accident.
I heard that she is in the hospital.
I heard that your car is completely wrecked.

Počul som, že tvoja žena mala nehodu.
Počul som, že leží v nemocnici.
Počul som, že tvoje auto je totálne rozbité.

I'm happy that you came.
I'm happy that you are interested.
I'm happy that you want to buy the house.

Teší ma, že ste prišli.
Teší ma, že máte záujem.
Teší ma, že chcete kúpiť dom.

I'm afraid the last bus has already gone.
I'm afraid we will have to take a taxi.
I'm afraid I have no more money.

Obávam sa, že posledný autobus je už preč.
Obávam sa, že budeme musieť ísť taxíkom.
Obávam sa, že pri sebe nemám žiadne peniaze.

93 [ninety-three]

Subordinate clauses: *if*

93 [deväť desiattri]

Vedľajšie vety s či

I don't know if he loves me.
I don't know if he'll come back.
I don't know if he'll call me.

Neviem, či ma ľúbi.
Neviem, či sa vráti.
Neviem, či mi zavolá.

Maybe he doesn't love me?
Maybe he won't come back?
Maybe he won't call me?

Či ma vôbec ľúbi?
Či sa vôbec vráti?
Či mi vôbec zavolá?

I wonder if he thinks about me.
I wonder if he has someone else.
I wonder if he lies.

Pýtam sa, či na mňa myslí.
Pýtam sa, či má nejakú druhú.
Pýtam sa, či klame.

Maybe he thinks of me?
Maybe he has someone else?
Maybe he tells me the truth?

Či len na mňa myslí?
Či len nemá nejakú druhú?
Či len hovorí pravdu?

I doubt whether he really likes me.
I doubt whether he'll write to me.
I doubt whether he'll marry me.

Pochybujem o tom, či ma má skutočne rád.
Pochybujem o tom, či mi napíše.
Pochybujem o tom, či sa so mnou ožení.

Does he really like me?
Will he write to me?
Will he marry me?

Ći ma má len naozaj rád?
Či mi len napíše?
Či sa len so mnou ožení?

94 [ninety-four]

Conjunctions 1

94 [deväťdesiatštyri]

Spojky 1

Wait until the rain stops.	Počkaj, kým prestane pršať.
Wait until I'm finished.	Počkaj, kým budem hotový (hotová).
Wait until he comes back.	Počkaj, kým príde späť.
I'll wait until my hair is dry.	Počkám, kým budú moje vlasy suché.
I'll wait until the film is over.	Počkám, kým skončí film.
I'll wait until the traffic light is green.	Počkám, kým bude na semafore zelená.
When do you go on holiday?	Kedy ideš na dovolenku?
Before the summer holidays?	Ešte pred letnými prázdninami?
Yes, before the summer holidays begin.	Áno, ešte predtým, ako začnú letné prázdnininy.
Repair the roof before the winter begins.	Oprav strechu predtým, ako príde zima.
Wash your hands before you sit at the table.	Umy si ruky predtým, ako si sadneš za stôl.
Close the window before you go out.	Zavri okno predtým, ako pôjdeš von.
When will you come home?	Kedy prídeš domov?
After class?	Po vyučovaní?
Yes, after the class is over.	Áno, len čo skončí vyučovanie.
After he had an accident, he could not work anymore.	Po tom, ako mal úraz, nemohol viac pracovať.
After he had lost his job, he went to America.	Po tom, ako stratil prácu, odišiel do Ameriky.
After he went to America, he became rich.	Po tom, ako odišiel do Ameriky, zbohatol.

95 [ninety-five]

Conjunctions 2

95 [deväť desiatpäť]

Spojky 2

Since when is she no longer working?
Since her marriage?
Yes, she is no longer working since she got married.

Odkedy už viac nepracuje?
Od jej svadby?
Áno, už viac nepracuje, odkedy sa vydala.

Since she got married, she's no longer working.
Since they have met each other, they are happy.
Since they have had children, they rarely go out.

Odkedy sa vydala, už viac nepracuje.
Odkedy sa poznajú, sú šťastní.
Odkedy majú deti, len zriedkakedy idú večer von.

When does she call?
When driving?
Yes, when she is driving.

Kedy telefonuje?
Počas jazdy?
Áno, počas toho, ako šoféruje auto.

She calls while she drives.
She watches TV while she irons.
She listens to music while she does her work.

Telefonuje počas toho, ako šoféruje auto.
Pri žehlení sleduje televíziu.
Pri písaní domácich úloh počúva hudbu.

I can't see anything when I don't have glasses.
I can't understand anything when the music is so loud.
I can't smell anything when I have a cold.

Nevidím nič, keď nemám okuliare.
Ničomu nerozumiem, keď hrá hudba tak nahlas.
Necítim nič, keď mám nádchu.

We'll take a taxi if it rains.
We'll travel around the world if we win the lottery.
We'll start eating if he doesn't come soon.

Ideme taxíkom, keď prší.
Keď vyhráme v lotérii, budeme cestovať okolo sveta.
Začneme s jedlom, ak čoskoro nepríde.

96 [ninety-six]

96 [deväťesiatšesť]

Conjunctions 3

Spojky 3

I get up as soon as the alarm rings.
I become tired as soon as I have to study.
I will stop working as soon as I am 60.

Vstanem, len čo zazvoní budík.
Som unavený, len čo sa mám učiť.
Prestanem pracovať, len čo budem mať 60.

When will you call?
As soon as I have a moment.
He'll call, as soon as he has a little time.

Kedy zavoláte?
Len čo budem mať chvíľu čas.
Zavolá, len čo bude mať čas.

How long will you work?
I'll work as long as I can.
I'll work as long as I am healthy.

Ako dlho budete pracovať?
Budem pracovať, pokiaľ budem môcť.
Budem pracovať, pokiaľ budem zdravý.

He lies in bed instead of working.
She reads the newspaper instead of cooking.
He is at the bar instead of going home.

Leží v posteli namiesto toho, aby pracoval.
Číta noviny namiesto toho, aby varila.
Sedí v krčme namiesto toho, aby išiel domov.

As far as I know, he lives here.
As far as I know, his wife is ill.
As far as I know, he is unemployed.

Pokiaľ viem, býva tu.
Pokiaľ viem, je jeho žena chorá.
Pokiaľ viem, je nezamestnaný.

I overslept; otherwise I'd have been on time.
I missed the bus; otherwise I'd have been on time.
I didn't find the way / I got lost; otherwise I'd have been on time.

Zaspal som, inak by som bol dochvíľny.
Zmeškal som autobus, inak by som bol dochvíľny.
Nenašiel som cestu, inak by som bol dochvíľny.

97 [ninety-seven]

Conjunctions 4

97 [deväťdesiatsedem]

Spojky 4

He fell asleep although the TV was on. He stayed a while although it was late. He didn't come although we had made an appointment.	Zaspal, hoci bol televízor zapnutý. Ešte zostal, hoci už bolo neskoro. Neprišiel, hoci sme sa dohodli.
The TV was on. Nevertheless, he fell asleep. It was already late. Nevertheless, he stayed a while. We had made an appointment. Nevertheless, he didn't come.	Televízor bol zapnutý. Napriek tomu zaspal. Bolo už neskoro. Napriek tomu ešte zostal. Dohodli sme sa. Napriek tomu neprišiel.
Although he has no license, he drives the car. Although the road is slippery, he drives so fast. Although he is drunk, he rides his bicycle.	Hoci nemá vodičský preukaz, šoféruje auto. Hoci je cesta klzká, jazdí rýchlo. Hoci je opitý, jazdí na bicykli.
Despite having no licence / license *(am.)*, he drives the car. Despite the road being slippery, he drives fast. Despite being drunk, he rides the bike.	Nemá vodičský preukaz. Napriek tomu šoféruje auto. Cesta je klzká. Napriek tomu jazdí tak rýchlo. Je opitý. Napriek tomu jazdí na bicykli.
Although she went to college, she can't find a job. Although she is in pain, she doesn't go to the doctor. Although she has no money, she buys a car.	Nemôže nájsť žiadne (pracovné) miesto, hoci študovala. Nejde k lekárovi, hoci má bolesti. Kupuje auto, hoci nemá peniaze.
She went to college. Nevertheless, she can't find a job. She is in pain. Nevertheless, she doesn't go to the doctor. She has no money. Nevertheless, she buys a car.	Študovala. Napriek tomu nemôže nájsť (pracovné) miesto. Má bolesti. Napriek tomu nejde k lekárovi. Nemá peniaze. Napriek tomu kupuje auto.

98 [ninety-eight]

Double connectors

98 [deväťdesiatosem]

Dvojité spojky

The journey was beautiful, but too tiring.
The train was on time, but too full.
The hotel was comfortable, but too expensive.

Cesta bola síce pekná, ale príliš namáhavá.
Vlak bol síce presný, ale príliš plný.
Hotel bol pohodlný, ale pridrahý.

He'll take either the bus or the train.
He'll come either this evening or tomorrow morning.
He's going to stay either with us or in the hotel.

Buď pôjde autobusom, alebo vlakom.
Buď príde dnes večer, alebo zajtra ráno.
Buď bude bývať u nás, alebo v hoteli.

She speaks Spanish as well as English.
She has lived in Madrid as well as in London.
She knows Spain as well as England.

Hovorí nielen po španielsky, ale aj po anglicky.
Bývala nielen v Madride, ale aj v Londýne.
Nepozná len Španielsko, ale aj Anglicko.

He is not only stupid, but also lazy.
She is not only pretty, but also intelligent.
She speaks not only German, but also French.

Je nielen hlúpy, ale aj lenivý.
Je nielen pekná, ale aj inteligentná.
Nehovorí len po nemecky, ale aj po francúzsky.

I can neither play the piano nor the guitar.
I can neither waltz nor do the samba.
I like neither opera nor ballet.

Neviem hrať ani na klavíri, ani na gitare.
Neviem tancovať ani valčík, ani sambu.
Nemám rád ani operu, ani balet.

The faster you work, the earlier you will be finished.
The earlier you come, the earlier you can go.
The older one gets, the more complacent one gets.

Čím rýchlejšie budeš pracovať, tým skôr budeš hotový.
Čím skôr prídeš, tým skôr môžeš ísť.
Čím je človek starší, tým je pohodlnejší.

99 [ninety-nine]

Genitive

99
[deväť desiatdeväť]

Genitív

my girlfriend's cat
my boyfriend's dog
my children's toys

mačka mojej priateľky
pes môjho priateľa
hračky mojich detí

This is my colleague's overcoat.
That is my colleague's car.
That is my colleagues' work.

To je plášť môjho kolegu.
To je auto mojej kolegyne.
To je práca mojich kolegov.

The button from the shirt is gone.
The garage key is gone.
The boss' computer is not working.

Gombík z košele sa odtrhol.
Kľúč od garáže je preč.
Šéfov počítač je pokazený.

Who are the girl's parents?
How do I get to her parents' house?
The house is at the end of the road.

Kto sú rodičia toho dievčaťa?
Ako sa dostanem k domu jej rodičov?
Dom je na konci ulice.

What is the name of the capital city of Switzerland?
What is the title of the book?
What are the names of the neighbour's / neighbor's *(am.)* children?

Ako sa volá hlavné mesto Švajčiarska?
Aký je názov knihy?
Ako sa volajú deti susedov?

When are the children's holidays?
What are the doctor's consultation times?
What time is the museum open?

Kedy majú deti školské prázdniny?
Kedy sú návštevné hodiny u lekára?
Kedy sú otváracie hodiny múzea?

100 [one hundred]

Adverbs

100 [sto]

Príslovky

already – not yet
Have you already been to Berlin?
No, not yet.

už raz – ešte nie
Boli ste už raz v Berlíne?
Nie, ešte nie.

someone – no one
Do you know someone here?
No, I don't know anyone here.

niekto – nikto
Poznáte tu niekoho?
Nie, nepoznám tu nikoho.

a little longer – not much longer
Will you stay here a little longer?
No, I won't stay here much longer.

ešte – už nie
Zostanete tu ešte dlho?
Nie, nezostanem tu už dlho.

something else – nothing else
Would you like to drink something else?
No, I don't want anything else.

ešte niečo – už nič
Chcete ešte niečo piť?
Nie, neprosím si už nič.

something already – nothing yet
Have you already eaten something?
No, I haven't eaten anything yet.

už niečo – ešte nič
Jedli ste už niečo?
Nie, ešte som nejedol nič.

someone else – no one else
Does anyone else want a coffee?
No, no one else.

ešte niekto – už nikto
Chce ešte niekto kávu?
Nie, už nikto.

END

Made in the USA
Columbia, SC
11 December 2022